EL PINTOR

Antonio Martínez Cortez

EL PINTOR
SEGUNDA EDICIÓN

Dedicatoria:

Dedico esta obra a todas aquellas personas, que dedican aunque sea un pequeño instante de su vida, en favor de los demás.

A Kathiel, Jonathan, Sofía y Lucía.

A Johely.

CAPÍTULO I

El sol se había ocultado. Algunas plantas cultivadas a orillas de la pared, con sus flores acampanadas, blancas y violetas, extendían su agradable aroma, por los estrechos pasillos rodeados de paredes blancas. Había otras flores colocadas en el alfeizar, que eran de un rojo púrpura y amarillos encendidos, que ya comenzaban a cerrar sus delicados pétalos.

En el interior del lugar, hacía frio, había un gran silencio, y todo se veía tranquilo.

En algunos rostros había mucha ansiedad, pero todo comenzó a cambiar, cuando comenzó a escucharse el rápido repicar de zapatos, acercándose.

-¡Pablo, ha nacido tu hijo!- gritó Serafina emocionada, después de haber salido, apresuradamente, de un pequeño cuarto de maternidad.

-¡Te felicito hijo!-exclamó Sigfrido, después de darle dos fuertes palmadas en el hombro.

Pablo se había quedado absorto con la noticia, y actuaba como si no escuchara nada de lo que se le estaba diciendo, pero luego reaccionó y salió caminando a toda prisa, por el pasillo que daba al cuarto. Cuando entró se detuvo, y al mirar a su esposa, con el bebé entre sus brazos, su rostro se iluminó completamente, y una extendida sonrisa de felicidad se dibujó en sus labios gruesos.

Ella lo miró con ternura, confiriendo una bella sonrisa de satisfacción, luego se reclinó un poco esforzándose por mostrarle al pequeño. Pablo no se contuvo, lo tomó entre sus brazos, y se puso a contemplarlo con profunda emoción, para luego levantarlo.

-¡Te llamarás Leonardo, como el gran pintor!- le dijo sonriendo, y asintiendo con la cabeza.

Su padre que ya había entrado, al escucharlo hablar, le dijo, mientras movía desdeñosamente la cabeza de lado a lado.

-¡Yo te puse Pablo, en honor al gran Picasso, y no pasaste de pintor de brocha gorda, así que pienso, que no es buena idea!- le recriminó Sigfrido con rostro pesimista.

-¡No trates así a tu hijo!- le reclamó con autoridad, y muy molesta, la señora Serafina a su esposo.

Sigfrido, disimuladamente, dio una ojeada de sumisión por el cuarto y sintiéndose avergonzado, bajó la cabeza.

Pablo fingió no oír nada, le devolvió el niño a Laura y sonrió feliz.

Ahora sentía, que tenía un motivo importante, para esforzarse más en la vida, encontrando, en ese instante, la inspiración sublime, que necesitaba para continuar.

A partir de ese día, todas las atenciones de la familia se centraron en el pequeño Leonardo.

Pero en cuanto a la educación, y a los fines que procuraban para él, había ciertas divergencias, entre los miembros de la familia. Pablo, por su parte, no disimulaba sus ansias en lograr que Leonardo fuera el gran pintor que él no había podido ser y lo reflejaba en los regalos que le hacía. Pero no solo era Pablo quien se mantenía firme en su empeño. También lo estaba Sigfrido, quien siempre había aducido que en su juventud había sido un gran pintor, y lo presumía con mucho orgullo, en sus conversaciones, recalcando en ellas, que una de sus obras había sido bien vendida.

Pero al parecer todo había sido producto de la casualidad, cuando un turista acaudalado había visitado el pueblo, y para llevarse un buen recuerdo del lugar, le había comprado uno de sus cuadros a un precio muy elevado. Desde ese momento Sigfrido creyó ser un gran pintor. Y guardaba ese recuerdo con mucho afecto y devoción, porque quizás para él, había sido el único logro, a nivel personal, que había tenido en toda su vida, pues ninguno de sus otros cuadros, fue valorado y terminó siendo un pintor de brocha gorda, sin mucha trascendencia.

Por otra parte, Laura a diferencia de Pablo y Sigfrido, no concebía la idea de que su hijo fuera pintor. Porque al igual que casi todos en el pueblo consideraba, que esa profesión era muy bohemia y poco lucrativa. Además había conocido muy de cerca las frustraciones y vicisitudes por las que había pasado su esposo Pablo y su suegro Sigfrido.

-¡Por andar buscando sueños, se habían estrellado con la realidad!- pensaba, y no quería que su hijo pasara por esa experiencia.

Ella por su formación de maestra de grado, prefería que su hijo fuera un profesional, con una vida tranquila y estable. Y lo reflejaba, muchas veces de manera inconsciente en su forma de pensar y en los obsequios que le hacía a su hijo, que eran en su mayoría, libros instructivos y juegos didácticos.

Sin embargo, una triste desilusión marchitaba sus encumbradas intensiones, cuando veía con honda tristeza, como Leonardo prefería los regalos de Pablo y Sigfrido, a los que ella con tanto esmero, le hacía.

Así que, al conocer Pablo y Sigfrido de esta situación bastante favorable para sus pretensiones, concluyeron con marcado entusiasmo, que Leonardo tenía toda la actitud necesaria, para convertirse en un gran pintor, y por lo tanto era deber de ellos apoyarlo en todo, al menos hasta el momento en que Leonardo se convirtiera en el pintor sobresaliente, que ellos habían soñado.

Pero todo cambió cuando Leonardo entró a la escuela, y se encontró con la maestra Guillermina Oswar, una mujer alta, flaca, de mediana edad, con rostro pálido y anguloso, y unos ojos estrictos y amarillentos, encerrados en unos espejuelos cuadrados, enmarcados en negro.

Guillermina Oswar era una maestra de vocación, y era muy estricta y disciplinada en todo lo que hacía. Ella pensaba que algunas asignaturas eran fundamentales en la formación académica del discente, por lo tanto había que dedicarles más tiempo y empeño que a otras, y la pintura, y el dibujo, al menos para ella, estaban muy distante de serlo.

Así que, la posición de la maestra Guillermina Oswar en cuanto a la pintura, hacía que las esperanzas de Pablo y Sigfrido se cubrieran de gris, sin ningún atisbo de luz, al menos en ese instante.

A partir de ese momento, Leonardo con la ayuda de su madre, se concentró en los estudios y se olvidó por completo, de todo aquello que estuviera relacionado con el arte de pintar, para tristeza de su padre y de su abuelo, quienes culpaban de todo ello, a la maestra Guillermina Oswar. Incluso la llamaban con cierta ironía "exterminadora de sueños y oportunidades".

Pero eran solo ellos, porque Laura se sentía conforme con las enseñanzas dadas a su hijo. Serafina, la abuela de Leonardo, solo pedía sabiamente, que no presionaran al niño, para que fuera descubriendo poco a poco, y por sí solo su verdadera vocación.

Entristecía al viejo Sigfrido y a su hijo Pablo pensar, que a medida que pasaban los años, sus sueños se diluían. Por su parte Laura estaba feliz, porque su hijo había terminado sus estudios secundarios, y estaba por entrar a la universidad. Iba a ser el gran profesional, que ella siempre había soñado.

 Sin embargo, cuando llegó ese día, en que Leonardo tenía que ingresar a la universidad, comenzó a sentirse confundido y agobiado por los extensos planes de estudio, y porque no sabía en realidad, qué quería estudiar.

Así que, estando en la universidad, y al borde de matricularse, comenzó a pensar.

-Tal vez mi padre y mi abuelo tengan razón, y a lo mejor tengo talento para la pintura, y si destaco en ella, podría vivir muy bien, totalmente alejado de los pesados estudios.

-¡Sí, eso haré, seré pintor!- Pensó.

Considerando en ello, que todo iba a ser fácil, y que en poco tiempo, su vida se colmaría de éxito y fortuna.

Así que, con el rostro resplandeciente y pensamientos colmados en ilusiones, se levantó de una de las bancas, blancas de cemento, ubicadas a los lados del pasillo de la universidad, y se marchó a casa.

CAPÍTULO II

Cuando llegó, abrió precipitadamente la puerta y entró gritando.

-Ya tomé una decisión, y sé lo que quiero hacer con mi vida.

Pablo y Laura, dejaron de hacer lo que estaban haciendo, y dirigieron las miradas atentas, a la espera de la decisión que había tomado su hijo.

-¡Quiero ser pintor!- exclamó con júbilo.

A Laura casi le da un infarto, y se dejó caer en uno de los sillones, con el rostro pálido y sudoroso, por lo que Serafina, que estaba a cierta distancia, tuvo que correr al grifo a buscar un vaso de agua, y con un cartón en su mano derecha, comenzó a abanicarla desesperadamente, para lograr que la entristecida madre se recuperara. Pablo sin embargo se sintió feliz, y se fue enseguida a comunicárselo a Sigfrido, vislumbrando en el aire turbio de aquella tarde, una esperanza que parecía perdida.

-¡Papá!- le llamó.

-¿Qué quieres, Pablo?- preguntó Sigfrido, desde donde estaba sentado.

-¡Leonardo, se decidió, quiere ser pintor!- gritó Pablo emocionado.

El viejo corazón de Sigfrido se estremeció, como una gaseosa que se agita, produciendo burbujas desordenadas, que se atropellan entre sí.

Sus ojos cenizos por el tiempo cobraron brillo, y una sonrisa de esperanza se dibujó en su rostro mustio.

Casi de un salto Sigfrido se puso de pie, corrió hasta un espejo redondo, que colgaba en una de las paredes de la sala, se pasó la mano por los cabellos, se peinó sus pobladas y grisáceas cejas y sus horribles mostachos, se abotonó la camisa, se asomó debajo de la cama, sacó un par de zapatos negros, les quitó el polvo soplando, se los calzó, y gritó:

-¡Vamos, antes de que se arrepienta!

Y se fueron juntos caminando a toda prisa, para convencer al confundido Leonardo de ingresar a la escuela de artes.

Cuando llegaron a la casa, de la que parecía emanar por las ventanas y rendijas un silencio quieto, abrieron la puerta impetuosamente, y entraron con indescriptible algarabía.

-Leonardo, has tomado la mejor decisión de tu vida-gritó Sigfrido abrazándolo.

-¡Yo te apoyo en lo que tú decidas, hijo!-dijo Pablo haciendo una pausa.

-Te acomodaremos el cuarto, para que tengas un lugar adecuado-dijo Pablo.

Y se fueron a uno de los cuartos a acomodarlo. Sigfrido fue por pintura y entre los dos comenzaron a pintar, a silbar y a cantar hasta terminar. Pasaron una capa de tonalidad celeste cielo.

Repararon un viejo atril, corrieron a un lado una mesa, luego un banco y después ordenaron los pinceles, una ventana que dejaba pasar una luz pálida, la cubrieron con una cortina obscura.

-¡Ya está listo, para que pintes tus obras!- dijo Sigfrido sonriendo.

-¡Me parece, que están exagerando!- murmuró Leonardo.

-No es así hijo, usted será un gran pintor, y se merece lo mejor- gritó Pablo emocionado.

Leonardo no dijo nada y solo bajó la mirada. Mientras tanto Laura se mantenía sentada en el sofá, pensativa y con la mirada distante, como quien mira una estrella fugaz que se va alejando.

 Serafina, se acercó a Laura.

-¿Cómo sigues?- le dijo, mientras se sentaba a su lado derecho.

-¡Bien señora Serafina!- exclamó lánguidamente.

-Sé lo que te preocupa. Pero como siempre he dicho, hay que guiar a los hijos, pero a la vez hay que permitirles que escojan su propio camino.

-¡Lo sé!- dijo Laura lacónicamente.

Cuando Sigfrido y Pablo terminaron, salieron felices. Incluso entonaban al unísono el coro de una canción alusiva al éxito.

Cualquiera hubiera pensado que lo hacían para fastidiar a Laura, pero no era así, ellos siempre habían sido, muy expresivos.

Al día siguiente Leonardo se matriculó en la escuela de artes, un edificio imponente de apariencia gótica antigua en su parte externa, y un marcado contraste de modernidad en su parte interna, con extensos pasillos blancos, rodeados por salones fríos, y puertas de vidrio.

Mientras Leonardo hacía su recorrido por el lugar, no pudo evitar asomarse a una de las puertas. Le sorprendió ver la gran cantidad de fotografías, que había allí, algunas en blanco y negro, de lugares y tiempos pasados. Otras con colores tan naturales como réplicas exactas de la realidad. Luego caminó y se asomó a otro de los salones, en cuyo interior había interesantes dibujos, algunos sombreados, otros en tinta, y grabados hermosos y llamativos.

Al final vio que algunos jóvenes entraban a un salón y se apresuró para alcanzarlos, cuando entró quedó al lado de una hermosa joven, de ojos muy puros y bellos, nariz pequeña y labios de rosa.

Leonardo en ese lugar se sintió inspirado, e hizo su mayor esfuerzo, con la convicción de que él, era el mejor estudiante de todos los que allí estudiaban, pues así se lo había hecho creer, tanto Pablo como Sigfrido.

Por ello, pasados seis meses, cuando la escuela hacía su exposición tradicional de los mejores trabajos. Pablo y Sigfrido presumían, con toda la seguridad del mundo, que los trabajos de Leonardo estarían en un lugar privilegiado, a la vista de todos.

Ese día Sigfrido y Pablo llegaron trajeados y ceremoniosos a la exposición. También Serafina vestía muy elegante con un traje negro de terciopelo. Laura por su parte, se vistió sencillo, aun así, lucía hermosa.

Pasaron un buen rato revoloteando desesperadamente por todas las pinturas, sintiendo un frio glacial con aroma de desencanto. Al final la alegría desapareció completamente de sus rostros, porque habían comprobado que los trabajos de Leonardo no habían sido seleccionados.

Ni siquiera aparecían, entre los menos favorecidos.

Sigfrido, tomó el asunto con estoicismo, y abrazó a su nieto diciéndole con voz impasible:

-No te preocupes, muchas veces hasta los mejores han sido rechazados, pero la historia siempre se ha encargado de darles su lugar.

Pablo por un instante miró a su padre con extrañeza, y pensó que ya no era el mismo Sigfrido de antes, al menos con su nieto demostraba ser muy comprensivo. Porque si hubiese sido a él, a quien le hubieran rechazado sus pinturas, de seguro que lo habría tratado con rigurosidad y desdén. Pablo sonrió, y luego se acercó a Leonardo.

-¡No te preocupes hijo, todo estará bien!- le dijo.

-¡Soy un fracaso!- pensó Leonardo sintiéndose avergonzado.

 Miró a su padre y bajó la mirada.

-¡Vamos a ver la exposición!- sugirió Laura. Y se fueron juntos, aunque Pablo y Sigfrido se fueron quedando un poco rezagados.

-Sabes Pablo, la culpable de todo lo que está pasando, es la maestra Guillermina Oswar, esa mujer era una retrograda- dijo Sigfrido, frunciendo la frente.

-¿Por qué lo dices?-le preguntó Pablo mirándolo a la cara, sorprendido.

-Porque Leonardo perdió sus mejores años de aprendizaje, que eran los de la infancia. Pero ella con su terquedad coartó su oportunidad- dijo Sigfrido, haciendo gestos enfáticos con las manos y poniendo rostro de desesperación.

-¡Era una mujer retrógrada!- exclamó Sigfrido, molesto.

Pablo lo miró fijamente.

-¿Papá y de donde sacas esa palabra?, ¡no te las conocía!

-¿Cuál?

-Retrógrada.

-Me la gritó esa misma maestra, un día que le canté sus verdades.

Y como no sabía su significado, la apunté para no olvidarla. Y después, aparte, cuando estaba solo, busqué su significado, desde entonces he hecho lo mismo con cada palabra que no conozco, y me ha ayudado mucho a enriquecer mi vocabulario, deberías hacer lo mismo, todo no es pintura, también hay que culturizarse- dijo Sigfrido.

Pablo se rio de su padre, pues realmente le había sorprendido con esas palabras, siempre lo había considerado un ser tosco y testarudo.

-¡Pablo! ¡Sigfrido!, pero que hacen allí parados, entren a ver la exposición- gritó Serafina.

-¡Ya, vamos!- gritaron al unísono. Y comenzaron a caminar hacia la exposición.

Fueron repasando los diferentes trabajos, con marcada indiferencia.

-¡Mi hijo pinta mejor que esto!- exclamó Pablo señalando un cuadro.

-Estoy de acuerdo contigo Pablo, mi nieto pinta mejor, estos trabajos no tienen nada- gritó Sigfrido groseramente.

Muchos de los presentes, habían comenzado a mirarlos con rostros de enojo. Pero a ellos, eso no les importaba para nada, en ese momento la desilusión los había hecho indiferentes a cualquier cosa, y para mitigar en algo la tristeza que sentían, preferían seguir criticando.

-¡Por favor compórtense!- gritó Serafina con voz enérgica.

Hicieron silencio, y siguieron mirando los diferentes cuadros expuestos.

 Justo cuando se iban a marchar, una hermosa jovencita y compañera de Leonardo fue a despedirse de él, con mucho afecto.

Él la despidió y luego alcanzó a sus padres, quienes ya estaban a cierta distancia, entonces se marcharon todos juntos, y en el más rotundo silencio, rumbo a casa.

CAPÍTULO III

Ahora, para Leonardo todo estaba claro, no tenía el talento que su padre y su abuelo le habían hecho creer que poseía. Y debía por lo tanto ayudar a su padre en el oficio, y pensar en una carrera universitaria, tal como le había aconsejado su madre.

Cuando llegaron a casa, se fueron a la mesa. Laura y Serafina fueron a la cocina y regresaron, con bandejas de comida, que colocaron en el centro de la mesa, luego colocaron una jarra de agua fría, y al final platos, cubiertos y vasos de cristal.

Luego Serafina se sentó al lado de Sigfrido y Laura al lado de Pablo, de tal modo que Laura quedó frente a Serafina, Pablo frente a Sigfrido y Leonardo frente a una silla vacía.

Pablo fue el primero en servirse, luego fue pasando las vasijas con comida, para que cada uno se sirviera su porción.

Leonardo, como no tenía apetito, se sirvió una   ración pequeña. Laura y Serafina fueron moderadas, y Sigfrido que fue el último en servirse, se sirvió una cantidad considerable, y luego comenzó a hablar.

-Esa hermosa joven, se veía bastante interesada en mi nieto, que es muy apuesto por cierto- dijo maliciosamente.

 Leonardo se ruborizó, y bajó la cabeza cuando escuchó a su abuelo.

-¡Hubo miradas cruzadas!- exclamó Sigfrido con jocosidad.

- Él es muy joven todavía, para pensar en esas cosas- intervino Laura.

-Leonardo se ponía más rojo aún, inclusive parecía esconderse, al deslizarse un poco en la silla.

-Cuando conocí a mi hermosa Serafina, yo era mucho más joven que Leonardo- dijo, y apretó la mano de Serafina con mucho cariño.

-¡Eran otros tiempos!-aclaró Laura.

-Desde que la vi a la ventana, supe que era la mujer con la que quería pasar el resto de mi vida. Y aún sigue siendo hermosa como ese día-dijo suspirando y la miró sonriente.

 Lo cierto era que Serafina aún guardaba la reminiscencia de su hermosa juventud. En cambio Sigfrido era un viejo robusto, cabezón y calvo, de prominentes cejas grises arqueadas sobre unos ojos saltones, y una boca muy amplia, cobijada por unos desordenados mostachos.

Ella tomó su mano y la envolvió en las suyas, luego le confirió una tierna sonrisa.

Y él comenzó a pensar en esos tiempos.

-La vio a la ventana, bajo el candor de un hermoso sol, observando con curiosidad los pomos de hortensia del jardín de su casa.

-No ha probado la comida señor Sigfrido- le dijo Laura interrumpiendo su pensamiento.

Entonces Sigfrido comenzó a comer.

Pero, al rato siguió hablando.

-Conquistar a Serafina no fue fácil, primero tuve que lidiar con su padre. Un español viñero que había llegado al pueblo en busca de fortuna.   Tenía un fuerte carácter y mucha ambición.

-¡Pero era un buen hombre, y un buen padre! – aclaró Serafina.

-Sí, pero era un señor muy gruñón y jamás vio futuro en mí. Pero cuando vendí el cuadro...

Se detuvo a pensar por un instante, y miró con cierta melancolía, luego prosiguió.

- Me permitió visitar a su hija. Pensó que yo iba a darle un buen futuro a Serafina, y las cosas no me salieron bien- murmuró con honda tristeza, hizo una pausa y suspiró con languidez.

- A veces pienso, que es este pueblo. No da oportunidades- dijo con mirada distante, y algo molesto.

-¡Pienso igual que tu papá!- dijo Pablo atusándose sus poblados bigotes negros.

-La gente del pueblo, es muy discriminadora, valoran las cosas dependiendo de quien las haga- murmuró Pablo.

-Son unos perversos, ellos son los culpables de todas nuestras desdichas- dijo Sigfrido.

-Disfrutemos de la comida y no hablemos de cosas tristes –interrumpió Serafina.

Serafina era una mujer conforme con la vida, siempre había considerado que aunque Sigfrido no había pintado un buen cuadro, lo cierto era que había sabido pintar su vida con mucho amor y detalles hermosos.

-Si los muchachos se quieren, deben luchar por su amor- dijo Pablo hablando groseramente con la boca llena, cuando ya casi todos habían olvidado el tema.

-Papá, que cosas dices, solo somos amigos, además la acabo de conocer- dijo Leonardo molesto.

-¡Amigos!, así le dicen hoy en día los jóvenes, y en esa amistad se cuecen muchas cosas- dijo Sigfrido con cierta ironía, mientras sonreía maliciosamente.

Leonardo hizo un gesto de negación con la cabeza, y frunció la frente en señal de enojo.

-Hijo, mañana me debes acompañar a trabajar, te voy a enseñar el oficio.-dijo Pablo.

Sigfrido hizo un gesto con las manos y se encogió de hombros, como diciendo con aires de resignación

-¡Que, le vamos a hacer!

Leonardo asintió con la cabeza y luego dijo:

-Está bien, te acompañaré.

Laura se veía tranquila, tenía la ilusión de que su hijo tarde o temprano se decidiría por estudiar una buena carrera.

Luego se pusieron todos de pie y Serafina junto a Laura recogieron los platos.

 Al rato Leonardo se fue a su cuarto y Serafina junto a Sigfrido se despidieron y se marcharon.

Al día siguiente con un sol radiante que entraba por las ventanas, Pablo se vistió con un overol gris, salpicado en pintura, tomó una brocha y un rodillo. Colocó ambos al lado izquierdo de la puerta. Luego se fue al espejo, rectangular de la sala, se ajustó una boina caqui, pasó sus dedos bruscamente por sus engrosados mostachos y se peinó sus pobladas cejas.

Cuando creyó estar listo, se separó un poco, se llevó la mano a la barbilla y sonrió satisfecho.

-¡Perfecto!-grito.

Cuando ya iba a salir, se escuchó la voz de Leonado.

-¡Papá, te acompaño!- gritó mientras se ajustaba su overol gris.

Salieron juntos, y justo cuando se disponían a doblar la esquina se encontraron con dos señoras de sombrillas negras. Una de ellas tenía el cabello color zanahoria, y el rostro mustio y ajado. La otra era una señora delgada de rostro pálido y caído, con un cabello azabache redondo y esponjoso. Ambas mujeres los habían mirado curiosamente, con cierta sonrisa perversa, mientras pasaban.

Entonces una de ellas murmuró riendo.

-¡Mira, allá van los grandes maestros de la pintura!

-¡Van a hacer una obra de arte! -dijo la otra, y ambas caminaron riendo.

Pablo no les hizo caso, pero a Leonardo si pareció afectarle, pues caminó al lado de su padre cabizbajo y sin decir nada.

Cuando llegaron, inmediatamente comenzaron a pintar un inmenso y extendido muro, rompiendo la monotonía con el verdor ondulante de los árboles, que se asomaban dentro de la propiedad. Pablo de vez en cuando miraba a su hijo, quien permanecía silencioso tratando de concentrarse en lo que hacía. Pablo sentía la necesidad de decirle algo, pero no sabía cómo hacerlo.

Por un instante pensó que el silencio es el mejor consejero de todos, y siguió en su trabajo. Pero al cabo de un rato se detuvo, y recordó algunas palabras que le había repetido su madre hacía mucho tiempo atrás, así que colocó los materiales en el suelo, se acercó a su hijo, y tratando de hacer memoria le dijo:

-Sé cómo te sientes, yo también me he sentido así muchas veces. Pero hay que seguir hacia adelante.

-Ante la adversidad, mayor fortaleza- dijo Pablo sonriendo.

- En cuanto a los comentarios, de esas señoras, te diré.

-Si las palabras no aportan nada bueno, hay que dejarlas pasar.

-Cuando las palabras son vacías, pronto se las lleva el viento. Pues no tienen peso que las sustente-concluyó Pablo.

Leonardo sonrió y abrazó a su padre.

-Dejemos esto así, por hoy, mañana lo terminaremos- dijo Pablo y se marcharon por las estrechas calles sombrías, rumbo a casa.

CAPÍTULO IV

Cuando eran casi las cuatro de la tarde, Leonardo fue al parque como lo hacía cada vez que se sentía agobiado por los problemas. El sol entraba en rayos rotos a través de la fronda reverdecida de los árboles, cultivados a los lados de las bancas, cayendo en destellos plateados, como estrellas sobre las sombras, mientras algunas florecillas desprendidas de las trémulas ramas, al ser mecidas por el viento, formaban un fino tapiz de un rojo muy bello, extendido sobre el suelo enladrillado.

A Leonardo le traía gratos recuerdos ese lugar, sentía que le daba paz, desde pequeño solía correr y juguetear por el parque junto a sus padres.

Allí permaneció pensando, hasta que la brisa calurosa de la tarde, fue remplazada por una más fresca y agradable, el sol comenzó a marcharse, y los edificios teñidos de un amarillo pálido se fueron tornando de un color pardo.

A varios kilómetros de allí, en el pueblo de Arkaz, ciudad de rascacielos grises, y edificios de ingeniosa arquitectura moderna, con el murmurante bullicio de personas a quienes el tiempo parecía no alcanzarles, autos de toda clase, y esas luces permanentes que pintaban de plata los lugares sombríos. Un joven, de nombre Jhon Shepper Gibbs, miraba a través de los cristales de su oficina, hacia abajo de un edificio de cincuenta pisos, desde donde podían verse los pequeños vehículos de colores brillantes, pasar por las carreteras, y personas que iban y venían por las aceras. Se sentía vacío, y así lo reflejaba en su semblante melancólico y en esa mirada triste y distante.

Extrañaba su vida de juventud. Y hacía remembranzas, de aquella época en que sentía que valía la pena vivir, y en la que podía hacer todo aquello que le agradaba, sin ningún tipo de preocupaciones. Ahora con la responsabilidad que representaba un horario de trabajo, se sentía realmente presionado y encerrado.

Recordó su infancia con infinito agrado, nunca le había faltado nada, había deseado ser pintor, y su madre le había apoyado en todo. Sonrió al pensar en ella.

Recordó también, con cierta hilaridad, las palabras de su padre, siempre aconsejándolo con la firme e intencionada esperanza, de que cambiara de opinión, llegando a niveles desesperantes, como quien intenta rescatar a un desafortunado náufrago de un profundo y obscuro abismo.

Jhony Shepper, era un exitoso hombre de negocios, dedicado a la banca, y a las inversiones en el sector inmobiliario, al igual que lo había sido su padre Jonás Shepper, quien había construido la inmensa fortuna que ellos poseían, en un tiempo en que la ciudad era pequeña, había pocos carros y unos cuantos edificios.

Por ello Jhony Shepper, siempre había querido que su hijo estudiara algo similar a él, y por ende se dedicara al negocio familiar. Realmente veía el asunto de la pintura, solo como un pasatiempo y no como una profesión. Por eso siempre se había opuesto a que él perdiera su tiempo.

Pero al final la posición de Mary prevaleció. Jhon estudió arte en las mejores escuelas del lugar, aparte su madre buscó a los mejores maestros, quienes reforzaron sus conocimientos y desarrollaron ese talento natural que poseía.

 Jhon no decepcionó, en cada clase demostraba interés y creatividad, por ello su madre Mary se sentía muy orgullosa de todo lo que hacía su hijo.

Pero la adolescencia llegó acompañada de rebeldía, excentricidad y bohemia. Y para colmo en esos mismos años, Jhon conoció a la bellísima, encantadora, y alegre

Marilyn Smith, y se enamoró perdidamente de ella.

En ese mismo tiempo sus trabajos comenzaron a venderse, y ello le permitió comprarse un hermoso y deslumbrante carro Bugatti de color verde metálico, que utilizaba para recorrer a gran velocidad, junto a su novia Marilyn, los rincones más alejados de la ciudad, y los más rutilantes lugares de fiestas, luces y alegrías.

Por ello, inducido por esa hermosísima joven, de sonrisa sensual y maliciosa, a la que por el hecho de poseer esa belleza tan encantadora y deslumbrante, no se le podía negar absolutamente nada, Jhon comenzó a llevar una vida muy acelerada, de constantes juergas y diversiones, todo ello le hacía rodearse de amistades, que al igual que él y su novia Marilyn llevaban una vida veleidosa y disoluta.

 Un día cuando Jhon llegaba a su casa, en compañía de su novia, se le acercaron dos amigos a invitarlo a participar de una emocionante regata nocturna.

Jhon se puso a pensarlo, y lo primero que se le vino a la mente fue el rostro estricto de su padre, y pensó en las palabras enérgicas que le diría, si por casualidad descubría, que él había participado de esas carreras clandestinas. Por ello, haciendo un gran esfuerzo, acompañado de una profunda respiración, se negó rotundamente.

Pero como Marilyn amaba la aventura, la diversión, y las emociones fuertes, una vez que escuchó a Jhon declinar de la incitante propuesta, se sintió sucumbir, y enseguida comenzó a insistirle, con palabras suaves, encantadoras, y suplicantes, acompañadas de muchos besos, a lo que él no pudo negarse, y terminó aceptando.

-¡Esta bien lo haré!- concluyó asintiendo. Y ella lo besó efusivamente.

Y en una noche obscura, algo brumosa, ausente de brisa, con las carreteras sombrías, rodeadas de edificios viejos, y con la iluminación de unas cuantas antorchas. Había un grupo de jóvenes a orillas de la carretera, que gritaban eufóricos, sus rostros lucían brillantes y sus ojos se veían encendidos, con los faroles de los dos autos lujosos, que se iban acercando de manera imponente.

Se iniciaron las apuestas, los autos se colocaron, uno al lado del otro. Un joven con una visera roja, levantó un banderín de cuadritos blancos y negros.

Después de un instante de suspenso, donde sólo se escuchaba el resollar fuerte de los motores encendidos con sus humos blancos.

 Un fuerte silbido rompió el instante de monotonía, cuando el joven que sujetaba la bandera, la bajó violentamente, y con el silbato, apretado fuertemente a los labios, había dado inicio a la partida.

 Fue algo impresionante, todo transcurría vertiginosamente, Jhon llevaba la ventaja, casi volaba, pero cuando llegó a una curva, se encontró con que la carretera tenía poca fricción, y aunque hizo un gran esfuerzo por controlar el volante, la ausencia de una buena iluminación, aunada a la velocidad que llevaba, lo hicieron perder totalmente el control.

De pronto le pareció sumergirse, lentamente, en un aire muy denso, teñido de obscuridad y silencio frío, con apariencia de eternidad. De arriba comenzaron a escucharse voces distantes, ahogadas y desesperadas, muchas de ellas resonaban en ecos disonantes, repitiendo su nombre. Fue entonces cuando alcanzó a ver una pequeña luz que resplandecía a lo lejos, hizo un gran esfuerzo abriéndose paso entre el polvo gris y nebuloso, hasta que pudo llegar a ella.

En ese mismo instante despertó, y sus ojos miraron asombrados, revoloteando desesperados en todas las direcciones, hasta que después de un rato de penumbrosa zozobra, logró ubicarse. Estaba en el hospital.

-¡Hijo volviste! -dijo su madre sujetándole la mano, y sonriendo, a la vez que confería un brillo especial de alegría en sus ojos, enrojecidos y húmedos por haber llorado demasiado. Su padre estaba allí, parado junto a su madre, con la mano puesta sobre el hombro de ella, mientras lo miraba fijamente con rostro molesto y mirada enérgica.

-¡Estarás bien! – dijo su padre con voz seca, y rostro inexpresivo.

Jhon bajó la mirada, se sentía avergonzado con su padre, cuando vio que ambos se alejaban a conversar con el doctor, aprovechó para mirarse, y pudo notar que estaba vendado, trató de mover con desesperación su brazo derecho, pero se le hacía imposible.

-No se desespere, en pocos meses, con una buena terapia estará bien- le dijo el doctor mientras revisaba una libreta de anotaciones y levantaba de vez en cuando la mirada.

Los amigos de Jhon fueron los primeros en abandonarlo, en el mundo donde él se desenvolvía, sólo había lugar y admiración para los ganadores, y cuando él perdió la carrera, enseguida dejó de ser importante para ellos.

Su novia Marilyn lo visitó dos veces, colmando ese lugar solitario de esplendor y de la agradable fragancia, que produce un costoso y exquisito perfume.

La segunda vez que lo visitó, se despidió de él, con un beso en la frente.

-Jhon es la última vez, que vengo a visitarte, y aunque me causa mucha tristeza dejarte así, sabes que este no es lugar para mí-le dijo con voz dulce y encantadora.

Jhon necesitaba decirle algo, pero sus palabras se ahogaban, hasta silenciarse, y sólo le tocó ver, como ella se alejaba lentamente, hasta dejarlo completamente sólo.

Después de ese día, no volvió a pintar más, y una vez recuperado comenzó a trabajar, sin descanso, en las oficinas de su padre.

 Ya habían pasado varios años desde aquel suceso, que había cambiado el rumbo de su vida, pero aún revoloteaban esos recuerdos en su mente, mientras él buscaba algún refugio ausente, a través de los amplios y claros ventanales, del imponente edificio.

-¿Cómo estás hijo? - saludó su madre Mary al llegar.

Él se volvió y contestó.

 -¡Bien, madre!

-¡Te veo, triste!

-¡Solo, recordaba!-murmuró.

-Deberías volver a la pintura, eras bueno- le dijo su madre, mientras anotaba algunas líneas, en una libreta, que reposaba sobre un escritorio.

-¿Qué haces?- preguntó Jhon con curiosidad.

-Organizando algunas donaciones, para las fundaciones. Deberías involucrarte, ayudar a los demás favorece al espíritu.

-Él, se animó.

En eso llegó su padre, Jhony Shepper.

-¿Y, en qué andas?- le dijo a su esposa.

-En las fundaciones sociales- le contestó Mary.

-Pura pérdida de dinero, y de tiempo- exclamó el señor Jhony con rostro estricto.

-Yo, no apoyo a esas instituciones, cada cual tiene lo que se merece, por mi parte ningún céntimo para organizaciones filantrópicas – gritó el señor malhumorado, con la frente fruncida y mirada fuerte.

- Además, no sabemos, ese dinero a donde va a parar, ni que uso le dan- gritó Jhony Shepper, cuando, ya casi, entraba a su oficina.

Jhon se había mantenido todo ese tiempo mirando a su padre, mientras analizaba, con rostro de sorpresa, cada una de sus palabras.

-¡No le hagas caso, es un cascarrabias! – dijo la señora Mary, sonriendo.

Jhon se acercó con curiosidad a su madre, y ella enseguida le comenzó a explicar detalladamente, todo lo que se había hecho con el dinero que había aportado. Podía verse que ayudar a los demás, la hacía sentir muy feliz, porque al hablar de sus proyectos y de los beneficios que se habían obtenido en favor de los demás, una bella sonrisa se dibujaba en sus finos labios, sus ojos adquirían un lustroso brillo de satisfacción, y se despertaba en ella una emoción sublime, que la hacía lucir radiante.

Esa actitud y esas palabras esperanzadoras fueron encontrando eco en la mente angustiada de Jhon, quien pareció vislumbrar en el aire, un asidero efímero, para encontrar esa paz interior que ansiaba desesperadamente, pero al recordar las palabras que había escuchado por parte de su padre, dudó un poco, y decidió que antes de contribuir con la fundaciones apoyadas por su madre, debía cerciorarse de que se invirtiera bien su dinero. Así que, personalmente viajó al pueblo de Macardí, para conocer las instalaciones de La Fundación.

CAPÍTULO V

Ahora estaba allí sentado en una de las bancas del parque del pueblo. Y por pura casualidad de la vida, justo al frente del infortunado Leonardo.

Leonardo se sorprendió al verlo y lo miró con cierta curiosidad, porque, lucía muy diferente a la gente que él conocía.

Jhon era de complexión delgada, cabello fino y dorado, caído sobre los hombros. Vestía sencillo, pero aun así rondaba en él un halo especial de indescriptible intelectualidad. Estaba ligeramente recostado a una de las bancas con los pies cruzados, mientras dibujaba con mucha destreza y concentración, cada uno de los detalles del parque.

Las bancas con sus respectivos árboles, algunas florecillas trémulas desprendidas por el viento. En el centro una hermosa y bulliciosa fuente de mármol rodeada de verdes, y brillantes juncos y helechos.

Algunos faroles cuyas luces, aún permanecían dormidas. Y muy al final, entre dos solitarias callejuelas, dos edificios vetustos, de cinco pisos, con estructura barroca, cuyas paredes ennegrecidas, evidenciaban las huellas, que había dejado el viento, la lluvia y el sol.

La curiosidad hizo que Leonardo se pusiera de pie, y disimuladamente comenzó a caminar, hasta quedar frente a la silla, donde se encontraba Jhon, inmerso en su dibujo.

No pudo evitar mirar.

-¡Dibuja muy bien!- le dijo imprudentemente.

Jhon desvió la mirada levemente hacia Leonardo.

-¡Gracias!- dijo, y siguió dibujando.

-¡Nunca lo había visto por aquí! – exclamó Leonardo, con la mirada fija, puesta en el dibujo.

-Soy de Arkaz, solo vine por unos días- dijo Jhon, sin dejar de dibujar.

-¿Y, cómo se llama usted?

Jhon paró de dibujar, miró fijamente a Leonardo, volvió la mirada al dibujo y dijo.

-Jhon Shepper Gibbs.

-Yo me llamo Leonardo- dijo presentándose voluntariamente.

-Jhon se puso de pie estrechó su mano, y se marchó con el dibujo bajo el brazo.

Se fue directo al apartamento del viejo hotel donde estaba hospedado. Era el mejor del lugar. Cuando entró, colocó el dibujo sobre una mesita, se dejó caer sobre la cama, se puso a pensar y el inmenso cansancio que sentía, le hizo caer profundamente dormido.

Cuando despertó ya había amanecido. Se escuchaban los ruidosos motores de los automóviles y sus bulliciosas bocinas, contrastando con una luz pálida que entraba tímida, por las estrechas rendijas de la habitación. Enseguida se puso de pie, miró el reloj, confirió un prolongado bostezo, se estiró y comenzó a alistarse.

 Luego se dirigió hasta donde se encontraba sentada la recepcionista, una joven menuda, de ojos vivaces.

-¿En qué pudo servirle?- preguntó la joven, con voz amable.

-Necesito localizar un lugar conocido, como La Fundación-dijo Jhon.

-¡Ah, donde queda el albergue!-dijo la joven.

-Sí- dijo Jhon lacónicamente.

La joven se puso de pie, se recostó al mostrador apoyando sus brazos, y mirándolo a los ojos, le comenzó a explicar con lujos de detalles, como ubicar la dirección.

-¡Gracias!- dijo Jhon, y enseguida salió del hotel.

-¡De nada, estamos para servirle!- exclamó la joven, después de una profunda inspiración, y una mirada al aire colmada en burbujas de sueños inútiles.

Jhon desactivó la alarma de su flamante auto, lo condujo hasta cierta distancia, luego lo estacionó, y siguió el trayecto caminando.

El lugar bullía con las personas que transitaban por las estrechas calles. Como era un pueblo pequeño y todo quedaba cerca, en unos cuantos minutos Jhon quedó frente al lugar que buscaba. Al mirarlo le impresionó realmente, tenía todo el encanto humano descrito por su madre.

El albergue con su respectivo comedor sobresalía, haciendo que la carretera gris limitara sus contornos, y a la distancia podían verse unos saloncitos ordenados en hilera, construidos, para impartir los diferentes talleres.

Caminó acercándose al albergue, y una vez estuvo al frente comenzó a pensar:

-Papá, si estuvieras aquí, aceptarías que muchas veces hay que darle un voto de confianza a las personas. Tal vez me dirías ¡por esta vez ganaste!, y me darías la razón, pero sólo sería por un instante, porque después de un tiempo volverías a pensar igual. Y me dirías con insistencia, invertir en obras sociales y fundaciones de beneficencias es una pérdida de dinero y de tiempo, total siempre habrá pobres en el mundo.

-Mamá tú, te sentirías muy feliz, al ver esto, tu corazón bueno y caritativo encontraría una razón para alegrarse. Eres tan diferente a mi padre, en tu forma de pensar y de ver la vida. Sé que a diferencia de mi padre me dirías:

- Si, todos fuéramos solidarios en la medida de nuestras posibilidades, el mundo sería un mejor lugar para todos.

-¡Si no va a hacer fila, apártense del paso!- gritó uno de los vagabundos, que había acudido al lugar.

Jhon miró hacia atrás y se apartó.

Luego uno a uno se fueron formando en una irregular fila, con miradas ansiosas.

Un portentoso señor de cintura rebosante, rostro estricto, lóbrego y pleno, cuidaba el orden. Cinco jovencitas rellenitas, de rostros sonrosados y amables, con sus respectivos gorros y delantales blancos, atendían detrás de un mostrador de aluminio.

Los platos eran colocados sobre el mostrador, de allí eran retirados por las personas que estaban en la fila, luego se dirigían a las mesas, que se extendían en el comedor.

Al final cuando todos habían terminado, el guardia de seguridad se sirvió una exagerada ración, se dirigió a una mesa vacía, se quitó el gorro y lo colocó a su derecha, exponiendo su reluciente cabeza, que brillaba aún más con las lámparas cilíndricas colocadas en el techo, luego se puso a comer con mucha brusquedad.

Jhon avanzó un poco, quería verlo todo. El viento en el aire traía sonidos que repicaban como manecillas de reloj, para luego perderse en esas calles grises y sordas. Miró hacia allá y pudo ver a un grupo de señoras sentadas, cosían y bordaban unos hermosos diseños, utilizando unas máquinas metálicas, que reposaban sobre mesitas rectangulares. Se veían muy entusiasmadas. Frente a ellas estaba una señora delgada, de cabellos negros y hebras grises, lentes cuadrados y pequeños.

Al parecer, era la que se encargaba de instruirlas, porque daba indicaciones, y luego pasaba de lugar en lugar revisando los trabajos, y animándolas.

En el recinto, aunque era pequeño, se percibía una inmensa emoción, comparable a ese sentimiento de inocencia y alegría que embarga a los niños cuando se les promete algo bueno.

-Han aprendido mucho, ya todo el trabajo que realizan se vende, es una buena fuente de ingreso para ellas y su familia- le dijo una dulce voz, desde atrás.

Jhon se volteó y vio que era una de las señoras que atendía el lugar.

-¡Mi nombre es Elena!- se presentó amablemente mientras confería una leve y bella sonrisa.

-¿Es usted el maestro de artes, que estamos esperando?

Jhon se quedó mirándola, mientras pensaba.

-Soy maestro de artes, pero no soy el que ustedes están esperando, sólo pasaba por aquí y me llamó la atención el lugar.

-Es un buen lugar, y lo estamos mejorando- dijo la joven con cierta emoción.

-¡Allá!- dijo Elena, señalando - Funcionará un taller de dibujo y pintura, para los niños, y todo será gratuito para ellos, porque hay que invertir en los niños, ellos son la esperanza del mañana- dijo Elena con emoción sublime, y mirada distante.

- Pero, no podemos pagar mucho, no tememos suficientes recursos- aclaró Elena, con mirada triste.

-¡Lo entiendo!

-Bueno me retiro, si no encuentran maestro, yo tomaré el trabajo- dijo Jhon sonriendo con amabilidad.

-Pero, tiene que traernos sus documentos- le aclaró Elena.

-¡Lo haré! – dijo, y se alejó caminando. A la distancia se subió a su hermoso carro y de allí se fue directo al hotel.

CAPÍTULO VI

En la tarde marcó a su padre.

-¡Jhon, hijo como estás! – le dijo su padre, mientras acomodaba unos documentos de su oficina.

- Papá, te llamaba, para decirte que me quedaré unos días acá.

Al parecer, al señor Gibbs no le agradó para nada la decisión tomada por su hijo, porque inmediatamente mostró en su rostro enérgico, un gesto de desagrado, y movió la cabeza desdeñosamente de lado a lado.

Se mantuvo en silencio, pensando. Consideraba que su hijo tenía un gran potencial para los negocios, y que por pura terquedad, se resistía a aprovechar ese talento.

Luego con voz ronca y suave le dijo:

-¡Hijo, creo que pierdes el tiempo allá! ¡Siempre habrá gente pobre!, ¡así es el mundo!

Además, si las personas tienen necesidades, es porque no se esfuerzan lo suficiente, no tienen sueños, y si los tienes, no los siguen. Tú no tienes porqué, resolverle los problemas a los demás, no tienes que cargar con eso, tu sólo tienes que preocuparte por ti, por tu vida, por tu familia- dijo el señor Jhony alzando el tono de voz.

Jhon se mantenía pensativo, escuchando con atención cada una de las palabras que le decía su padre.

-El mundo es competitivo, siempre lo ha sido, los más fuertes y capaces dominan a los más débiles, la vida es una selva y tú tienes que aprender a sobrevivir en ella.

¡Piensa en lo que te he dicho!- dijo el señor Gibbs con autoridad.

-¡Te quiero hijo, y quiero lo mejor para ti, cuídate! -dijo el señor Gibbs y cerró.

Jhon se quedó pensando, y se fue hasta una silla, donde permaneció totalmente abstraído, pero al final se animó, se puso de pie y llamó a su madre.

-¡Hijo como estás, espero que estés bien! – gritó su madre efusivamente.

- Sí, estoy bien, todo está funcionando como lo habías dicho- dijo Jhon emocionado.

- Por eso quiero quedarme unos días acá, quiero involucrarme más con este proyecto.

-¡Me parece bien hijo! Si todas las personas fueran solidarias, tendríamos un mundo mejor- concluyó la señora Mary.

-Necesitan un maestro de arte, y quiero enseñar algunas cosas, antes de partir.

-Sé que lo harás bien, además, ayudar a los demás, siempre nos hace ser mejores personas.

-Insisto en que deberías volver a la pintura, siempre fue tu vocación, recuerdo que cuando eras niño garabateabas todo, y teníamos que estar pendientes con papel en mano, para que no rayaras las paredes- dijo la señora y rio.

- ¡Quiero encontrarme conmigo mismo!- exclamó Jhon con voz distante.

 En la oficina me sentía encerrado entre paredes, veía que las horas pasaban demasiado lentas, como si fueran eternas, sentía que envejecía, sin que ocurriera nada importante en mi vida- ¡todo era vacío!- exclamó Jhon con acento melancólico.

-Lo sé hijo- dijo su madre   de manera comprensiva.

-¡Tómate tu tiempo, hijo!

-¡Gracias mamá! -dijo y colgó.

Colocó el teléfono móvil sobre una mesita y se fue a la ventana. Desde allí podía verse el parque, iluminado por seis faroles blancos.

Había obscurecido temprano, y en una de las sillas, que estaban muy al final, podía distinguirse a Leonardo, estaba pensativo y con la mirada dirigida al suelo.

Para Leonardo el mundo aparentaba ser inmenso, lleno de brumas y complicaciones. Allí pasó un buen rato, y al parecer no encontró ninguna luz que iluminara el final del túnel, porque cuando se retiró, lo hizo desanimado y a pasos lentos.

Durante todo ese tiempo, Jhon había permanecido mirando el agradable panorama que obsequiaba la vista al parque, con las personas que iban y venían, otras se sentaban en parejas, algunas señoras se paseaban con sus mascotas por los corredores estrechos, y alrededor del parque los carros destellaban con sus luces y con el bullicio de sus motores y bocinas.

Antes de dormir Jhon llamó nuevamente a su madre, para solicitarle los documentos que necesitaba, y ella le prometió enviárselos a primera hora.

Al día siguiente, como a las once de la mañana, con un día radiante, Jhon se dirigió al correo.

-¡Buenos días, vengo por encomienda!- dijo Jhon al entrar a la oficina.

-¡Su nombre, disculpe!- dijo con voz aguda, una joven flaquita, desgreñada y de dientes grandes, que permanecía sentada con un bolígrafo en la mano y con un cartapacio colmado en firmas.

-Jhon Shepper Gibbs

-¡Aquí está! –dijo y le entregó un sobre.

-Tiene que firmar -dijo la joven sonriendo y mostrando su blanca dentadura, mientras le facilitaba el bolígrafo y el cartapacio.

Jhon firmó y se retiró. Luego se subió al carro y condujo rumbo, al taller de arte, de La Fundación.

Cuando estuvo cerca, se estacionó donde se había estacionado el día anterior, en un lugar amplio, a la sombra de un frondoso árbol de caoba.

Desde allí se divisaba La Fundación. Al mirarla desde lejos, daba la apariencia de estar frente a vagones blancos enlazados entre sí a lo largo de una carretera gris.

Caminó hacia allá y no se detuvo hasta quedar frente a los talleres.

-Maestro- dijo Elena, quien iba acompañada de Clotilde, la otra administradora del lugar.

Ambas hacían lo posible, dentro del más riguroso orden, para que todo marchara bien.

Clotilde era una mujer de mediana edad, con cabello castaño meticulosamente recortado a la altura de los hombros, con mirada muy firme, y con rostro de inefables expresiones austeras.

-Buenos días- saludó Jhon.

-Aquí traje mis papeles-dijo, y se los entregó a Elena. Ella los repasó asintiendo y luego se los pasó a Clotilde.

Clotilde se colocó los lentes y repasó los documentos línea por línea.

- ¿Elena le dijo, cuanto podemos pagarle?- preguntó Clotilde mirándolo fijamente.

-Lo que puedan, solo quiero aportar mis conocimientos- dijo Jhon.

Elena lo miró con admiración, confiriendo una sonrisa deslumbrante.

-Lo llamaremos- dijo la señora Clotilde.

-Está bien- dijo Jhon.

¡Con permiso!- dijo y se retiró.

Mientras caminaba para llegar a su carro, pasó frente a una vetusta librería y decidió entrar. El lugar se veía solitario y sombrío, con anaqueles llenos de libros clasificados por temas, y por autores. Al final había otra gran cantidad de libros, muchos de ellos polvorientos y apretujados en anaqueles. Allí se alcanzaba a ver, entre la luz mortecina del lugar, un rizo grisáceo sobre una superficie blanca y reluciente, y un rostro inclinado que repasaba concentrado un libro a través de unos lentes, de vidrio muy grueso, enmarcados en negro ordinario.

Cuando el señor escuchó los pasos acercándose, levantó la mirada e inmediatamente se puso de pie, colocó el libro a un lado, y corrió a atender con rostro ansioso. Se veía desesperado por vender.

Jhon tomó tres libros, y los pagó.

- Son buenos, los libros que lleva- aclaró el librero.

- Sí, que lo son- dijo Jhon, mientras repasaba los títulos, Don Quijote de la Mancha, Ulises, y Cien años de soledad.

-Estamos pensando en cerrar o llevarnos la librería a otro pueblo, ya la gente no lee, la tecnología ha acabado con los libros y también con la cultura- dijo el señor con voz trémula y rostro entristecido.

-¡Qué podemos hacer!- exclamó Jhon encogiéndose de hombros.

El librero cobró los libros y los empacó en una bella y vistosa bolsa dorada.

Jhon se despidió amablemente y caminó al auto, que estaba estacionado al otro lado de la calle.

 Al día siguiente, cuando el reloj marcaba las diez de la mañana, el teléfono móvil de Jhon comenzó a sonar.

-Sí, dígame.

- Buenos días, ¿hablo con el señor Jhon Shepperd?

-Sí, con él habla.

- Le habla Elena, desde La Fundación.

Revisamos sus documentos, y todo está en orden, puede pasar por acá, cuando guste, ya todo está listo.

-Bien, gracias, la demora es que me aliste y estaré allá- dijo Jhon con cierto entusiasmo.

Casi treinta minutos después, Jhon salió del hotel muy animado, arrancó su carro y se dirigió a los talleres de La Fundación.

Cuando había acabado de cruzar la calle y miró al frente, pudo ver al librero cargando, en sus brazos, cantidades enormes de libros, para luego colocarlos dentro en un bus. Una vez que el librero terminó de cargarlos todos, respiró profundamente, caminó a pasos de funeral, y colocó un letrero que decía:

-Cerrado.

Después se alejó un poco, y se detuvo a contemplar el letrero con honda nostalgia.

-Ya veo, que cerró- le interrumpió Jhon. El librero apartó la mirada del letrero y miró a Jhon.

-Así es, ya las personas abandonaron el amor por los libros, al menos en este pueblo es así.

-¿Y, usted qué hace en este pueblo?- preguntó el librero con curiosidad.

-Soy, maestro de arte.

-No lo parece, y mucho menos con ese carro- dijo mirando el resplandeciente carro deportivo de color metálico, estacionado al otro lado de la calle.

-Voy a hacer un trabajo social, en los talleres.

-¡Ah!, los talleres de La Fundación- dijo el librero con acento despreciativo.

-Así, es.

-¡Los ricos son seres extraños, muy extravagantes!- exclamó el librero asintiendo.

-Realmente, me alegra saber que venga gente con dinero a este lúgubre pueblo, de gente pobre-dijo el librero con voz ronca y distante.

-La gente de este pueblo gasta mucho dinero en nimiedades, y no invierten en un buen libro, los consideran poca cosa- hizo una pausa reflexiva.

- Es que los pobres, solo pueden dar pobredumbre ¡Porque los pobres, no solo son pobres, sino que son brutos!- gritó el librero descargando su frustración y desventura.

Luego tomó desesperadamente un pañuelo del bolsillo y limpió el sudor que corría a gotas por su rostro mustio y pálido.

Jhon lo miró con cierta compasión. Él sabía lo que era perder un sueño.

Además le pareció curioso el hecho, de que el modo de pensar del libero, coincidía en cierta forma con la manera que tenía su padre de ver la vida. Aunque había que aceptar que el librero era mucho más tosco que su padre a la hora de expresar sus ideas.

Y resplandeció en su mente la imagen de su madre.

-Por más pobre que sea una persona, siempre tendrá algo bueno, que ofrecer- pensó en que esa sería la opinión de su madre.

La voz ronca y seca del librero pareció despertarlo.

- Discúlpeme, por mis palabras, la verdad es que abandonar mi negocio de juventud, me hace decir cosas sin sentido- dijo con aspecto avergonzado, luego se fue al busito y sacó varios libros.

-Ya, que usted conoce de arte, aquí le tengo libros de los mejores pintores: Toulouse Lautrec, Van Gogh, Leonardo Da Vinci, Miguel Ángel, Donatello, Picasso, Amedeo Modigliani, Dalí, Botero, Frida Kahlo- dijo barajando los libros.

-Llévese uno, se lo vendo a buen precio.

-¿Cuánto, pide por ellos?

-Cinco dólares, cada uno.

-Démelos, todos- dijo Jhon.

-¿Los diez?

- Sí, los diez.

Sacó el dinero de una billetera marrón, de finísimo cuero, y se lo entregó.

-Si quiere, le llevo los libros al auto -dijo el librero muy satisfecho con la venta.

-¡Está bien!- dijo.

Y cruzaron la calle.

Luego se despidieron. Y el librero se marchó con languidez decrépita, similar a una sombra que se diluye cuando la luz que la ilumina, desaparece. A la distancia podía verse el bus, yéndose por una extensa carretera, llevándose los libros de la última librería que había habido en ese pueblo.

CAPÍTULO VII

Despúes, Jhon se fue a los talleres. Mientras caminaba, miraba el homogéneo panorama, conformado por muchas casas y negocios en hileras, quebrantado al final, por los blancos vagones y un gran salón viejo, en forma de caja.

Cuando llegó le esperaban Elena y Clotilde.,

-¡Buenos días!- Saludó Jhon.

-¡Buenos días!- saludó Elena confiriendo una sonrisa amable.

-Buenos días- saludó Clotilde, con rostro estricto, y ojos fijos, atrapados entre unos lentes cuadrados enmarcados en plata.

-Hemos decidido trasladar el taller de arte, para aquellos salones —dijo Clotilde, señalando un lugar mucho más distante.

-¿Por qué tan lejos?

Clotilde lo miró fijamente, como si desaprobara su curiosidad.

-Los padres de los niños, se oponen a que los salones, estén cerca de los albergues- dijo Elena.

-¡Ya entiendo!

-Mañana temprano, traigo mi equipo de trabajo, para organizarlo todo- dijo Jhon.

-Lo llevaré a un salón donde podrá guardar sus materiales de trabajo, será algo así como su oficina personal- dijo Elena.

-¡Vayamos!- dijo Jhon entusiasmado.

Caminaron y llegaron frente a un cuarto cuadrado con una puerta de hierro pintada de negro.

Abrieron la puerta y entraron. Era un lugar pequeño, con paredes de un amarillo pálido. Sobre una de las paredes colgaba un cuadro enmarcado en madera, hecho con recortes de revista, en él podía verse un lugar primaveral, donde dos jovencitas de rostros sonrosados y bellos, recogían flores silvestres de una pradera muy verde, detrás de ellas un perro lanudo y pequeño jugueteaba con algunas mariposas de colores, confundidas entre las hojas que caían de un frondoso árbol.

-¡El pajarito no sale, pero marca bien las horas!- dijo Elena esbozando una tonta sonrisa, cuando vio que Jhon dirigía la vista hacia un reloj viejo, colocado en la pared contraria al cuadro.

Justo al frente, había un pupitre de caoba, con una silla reclinable, tapizada en negro.

En la esquina del pupitre contrastaba un florero blanco de vidrio alargado, colmado en flores frescas.

-¡Yo, lo coloqué allí, para darle vida al lugar!-dijo Elena.

-¡Pero, si no les gusta, las quito!- aclaró Elena con voz suave.

-¡No se preocupe! - dijo Jhon.

-¡A mí no me gustan para nada esas flores, le restan seriedad al lugar, además ese polen puede causar alergia!- recriminó Clotilde.

- Señor Jhon Shepper- dijo Clotilde mirándolo a la cara, espero que cuando termine el curso, nos devuelva el lugar, igual o mejor que como se lo entregamos.

-Así lo haré- dijo Jhon.

-Ahora vayamos a ver el salón, donde va a dar sus clases-dijo Clotilde.

Salieron y llegaron hasta un lugar amplio, cuadrado, abierto y sin muchas pretensiones.

-Si necesita algo, solo avísenos -dijo Clotilde y se retiró, detrás le siguió Elena.

 Jhon se quedó un rato inspeccionando el lugar, luego regresó al hotel, para preparar todas aquellas cosas, que él consideraba necesarias, para impartir sus clases de arte.

Cuando ya casi atardecía se fue a la ventana del hotel, y comenzó a mirar a través de los cristales, el sol se iba yendo, y se escondía lentamente entre los viejos edificios.

Al poco tiempo llegó la noche, acompañada de un puñado de estrellas dispersas y una luna pálida que parecía esconderse.

En el parque podía verse a Leonardo, en la misma banca en que había estado sentado en las noches anteriores, y en la misma actitud de derrota.

Las bellas luces de los altos faroles, iluminaban las veredas por donde pasaban personas que iban y venían.

De pronto Jhon, trató desesperadamente de enfocar mejor su vista, cuando pudo hacerlo sintió que su corazón se agitaba, y que a su mente llegaban recuerdos colmados en sentimientos difusos.

Su mirada fija, comenzó a recorrer con profunda sumisión la figura azul y grácil de una hermosa joven, que atravesaba por los corredores, con sus pasos seguros y refinados, donde la brisa suave hacía ondear su   delicada e inconfundible cabellera.

-¡Es ella!- exclamó Jhon, con voz ahogada y ronca.

Y una inefable desesperación lo fue inundando, cuando vio que la joven se alejaba.

-¡Tengo que verla!-gritó

Salió del cuarto apresuradamente, y bajó las escaleras casi corriendo.

Cruzó la calle y llegó al parque, extendió una mirada ansiosa, por los pasillos donde ella había caminado, y no la vio.

-¡Era ella, lo sé por el aroma de la brisa!-murmuró.

Se sintió triste, respiró profundamente y caminó hasta donde estaba Leonardo.

-No has visto pasar a una joven vestida con un traje de color azul.

- ¿Cómo era?- preguntó Leonardo mirándolo.

-Hermosa, muy hermosa, delicada, elegante y muy radiante. Y sobre todo perfecta.

-Si me da otra descripción más exacta, como su estatura, color de su piel, cabello, tal vez pueda ayudarlo, pero con esa descripción es difícil.

-Una mujer así no pasa desapercibida, su belleza brilla y llama la atención, definitivamente no la viste. Y comenzó a buscar con la mirada, de manera desesperada, por aquellas direcciones, en las que él consideraba, que ella había podido marcharse.

-¡Me imagino que la quiere mucho!- dijo Leonardo bajando la mirada.

Jhon no dijo nada, y se fue a sentar a la silla que estaba frente a la de Leonardo.

-Definitivamente, la amo, todavía- dijo para sus adentros, con mirada melancólica.

-¿Terminó el dibujo?- preguntó Leonardo.

-Sí

-No lo había visto desde ese día.

- Tenía varios días sin venir, he estado ocupado preparando algunas cosas, para trabajar en los talleres de arte de La Fundación.

-¿Es usted pintor?

-Sí- contestó Jhon lacónicamente.

-Yo siempre quise ser pintor, al igual que mi padre y que mi abuelo-exclamó Leonardo.

-¿Provienes de una familia de pintores?- preguntó Jhon, mirándolo fijamente, mientras arqueaba las cejas.

-¡Sí, pero no somos buenos pintores!- dijo Leonardo aclarando con acento parsimonioso y resignado.

-¡Ah!- exclamó Jhon.

-Siempre ha sido mi sueño, ser un gran pintor. Pero sé que no lo lograré jamás, por eso estudiaré mejor una carrera universitaria- dijo Leonardo en tono lánguido.

-Me parece bien, el estudio es necesario, nunca está de más, aunque si quieres también puedes inscribirte en los talleres de pintura, si tienes el talento necesario mejorarás, pero no olvides que estudiar siempre es importante- dijo Jhon.

-Lo pensaré- dijo Leonardo.

-Piénsalo- dijo Jhon poniéndose de pie y de allí volvió al hotel.

Desde arriba, se duró un buen rato mirando a través de los cristales, repasando cada rincón del parque y los edificios tenuemente iluminados, que se extendían a la distancia, con la esperanza de volverla a ver. Luego se puso a leer uno de los libros, hasta quedar dormido.

Afuera la noche seguía su curso, y un matiz de pinturas pálidas eclipsaban las paredes de edificios y caserones.

Con pasos lentos, mirada baja y pensativa, llegó Pablo. Sin decir nada se sentó al lado de su hijo, adoptando la misma posición pensativa que éste.

Después de algunos minutos rompió el silencio.

-Tu madre está preocupada por ti, hijo- dijo Pablo con voz ronca y cadenciosa.

-¡Sé, cómo te sientes! Pero hay que seguir hacia adelante, aunque todo parezca perdido, es la única forma de sobrevivir en esta vida- dijo Pablo.

Hizo una pausa, suspiró, y siguió hablando.

-Hay que seguir soñando, aunque la realidad nos despierte muchas veces, me repetía, siempre, mi madre Serafina, sobre todo en mis momentos más difíciles.

-¡No te preocupes papá!, estoy bien, quería estar solo, para poder pensar, y ordenar mis ideas- dijo Leonardo.

-He decidido que voy a ingresar a la universidad, voy a estudiar- dijo con cierto desánimo.

-Me parece bien, lo importante es, no dejarse vencer- le dijo Pablo.

- ¡Vamos, hijo!, se hace tarde- dijo Pablo poniéndose de pie.

Y se fueron yendo, en silencio, por una estrecha callejuela umbrosa, que daba a la casa.

Cuando llegaron, Sigfrido y Josefina estaban de visita, sentados en un sillón.

-¿Hijo, cómo estás?- dijo Serafina poniéndose de pie y dándole un abrazo.

-¡No lo consientas mucho!- dijo Sigfrido, sonriendo.

-Voy a inscribirme en la universidad- dijo Leonardo después de haberse sentado.

-Me parece muy bien- dijo Laura, que hasta ese momento, había permanecido acomodando unos viejos libros en un anaquel, luego se fue a uno de los sillones.

-Es la mejor decisión que pudiste haber tomado- dijo Laura con lustroso brillo reflejado en sus negros ojos.

-¿Y, qué piensas estudiar?- preguntó Pablo, mientras se frotaba sus poblados mostachos.

-No olvides la pintura- dijo Sigfrido con voz disimulada.

-Mientras estaba en el parque conocí a un maestro de pintura, trabaja en La Fundación, y me invitó a participar en uno de sus cursos.

-Pienso, que por ahora deberías concentrarte en tus estudios universitarios- le dijo Laura.

- No lo presionen, y dejen que él, elija su camino- replicó Serafina.

-No hay nada de malo en que él pinte, además yo veo en sus ojos esa magia, la magia de un buen pintor- dijo Sigfrido exagerando.

-Yo también he visto ese brillo reflejado en sus ojos, cuando él pinta- gritó Pablo.

Laura miró a su esposo con rostro enérgico, se veía que estaba muy molesta con Pablo por apoyar a Sigfrido en sus aspiraciones, así que Pablo para evitar diferencias con su esposa, prefirió no seguir opinando.

-¿Y, vas a tomar las clases de pintura?- le preguntó Sigfrido a Leonardo.

-¡Aún, no lo sé!

-No creo que un maestro improvisado, y con unas cuantas horas de clases, pueda hacer de mi hijo un gran pintor, para mí, es una pérdida de tiempo- aclaró Laura.

- No se sabe, a veces las oportunidades llegan de donde menos se esperan- opinó Sigfrido, con cierta terquedad.

-Leonardo, yo mismo iré contigo a conocer a ese maestro, intercambiaré unas cuantas palabras con él, y sabré si tiene algo importante que enseñarte- dijo Sigfrido.

- ¡De pintor a pintor, nos entenderemos!- concluyó Sigfrido enérgicamente.

Una risa burlona jugueteó en los labios de Laura, y Pablo tuvo que hacerle un gesto con los ojos para que disimulara.

-Bueno, ya nos vamos, se hace tarde -dijo Sigfrido, y uno a uno se fueron poniendo de pie.

Al día siguiente, muy temprano, cuando los rayos del sol con sus brillos destellantes comenzaban a avivar los colores de las cosas, Pablo y Leonardo salían a pintar.

Mientras tanto, Laura había despertado ese día con gran optimismo y revoloteaba, con una sonrisa agradable, de espejo en espejo acomodándose, para salir de compras.

Regresó a casa después de un par de horas, con bolsas colmadas en materiales escolares, y con la ilusión de que a Leonardo no le faltara nada.

Leonardo cumplió con lo que había prometido a sus padres, y esa misma tarde se inscribió en la universidad.

EL PINTOR

Leonardo cumplió con lo que había prometido a sus padres, y esa misma tarde se inscribió en la universidad.

CAPÍTULO VIII

Al día siguiente, después de que Leonardo había llegado con su padre del trabajo, alcanzó a ver a su abuelo Sigfrido, a través de las aberturas de las persianas. Apresuradamente corrió y se asomó a la puerta, le sorprendió ver a su abuelo parado en la entrada, en actitud extremadamente furtiva. Sigfrido no había querido entrar y desde la cerca le hacía señas, con la mano, para que saliera.

Leonardo salió de la casa y se acercó a su abuelo, con cierta curiosidad.

-Deberíamos ir a conocer al maestro- le dijo en voz baja, y con mucha prudencia.

-Me cambio, y vamos- dijo Leonardo y entró. Sigfrido prefirió esperar afuera no tenía intenciones de encontrarse con Laura, sabía que a ella no le agradaría, para nada saber lo que estaban planeando.

Salieron juntos, y atravesaron unas cuantas calles, hasta que llegaron.

Allí estaba Jhon sentado con los brazos apoyados al pupitre mientras leía un libro, de manera relajada.

-Señor, aquí traigo a mi abuelo- interrumpió Leonardo.

Jhon levantó la vista del libro, lo colocó sobre el pupitre, se puso de pie y saludó al señor Sigfrido, con un apretón de manos.

-Me han dicho, que ha pintado algunos cuadros- dijo Jhon.

Sigfrido hizo una pausa, mientras repasaba detalladamente la imagen de Jhon, su cabello más largo de lo normal, y su camisa brillante y con diseños extravagantes, le producían cierta desconfianza.

-He pintado uno que otros cuadros, nada de importancia- dijo Sigfrido.

-¡Abuelo, háblale del cuadro, que pintaste de joven!

-Sigfrido, sintió vergüenza, pensó que a un desconocido, no le interesaría para nada conocer los recuerdos de un viejo. Se mantuvo en silencio por unos segundos, luego comenzó a hablar emocionado.

-Hace muchos años, pinté un buen cuadro, ¡era excelente!- murmuró.

-¿Cómo fue?, ¡cuénteme! -dijo Jhon mostrando interés

-Tendría su edad, era un joven enamorado de la vida y de una bella jovencita, su nombre era Serafina.

Por un instante Jhon recordó a Marilyn con esa inagotable juventud, esa personalidad segura, sensual y arrolladora, capaz de cambiar el mundo.

-¿Cómo era ese cuadro?- preguntó Jhon con curiosidad.

-La verdad es que, lo he idealizado tantas veces, que a ciencia cierta, ya no sé cómo era.

¡Pero, era bello!, ¡muy bello!- exclamó.

Su rostro mustio se iluminó de júbilo, una sonrisa joven se dibujó en sus labios, y sus ojos grisáceos, comenzaron a brillar como fragmentos de cristal agitados por la luz, mientras su mente se despertaba ágil, atravesando con agrado el complicado y misterioso mundo de los recuerdos.

- En el cuadro que pinté, hace ya mucho tiempo, aparecía un arco de cristal, simulando un espejo convexo, según la distancia todo comenzaba a distorsionarse uniformemente, las figuras más cercanas eran más luminosas, las más alejadas ya no lucían curvas, y sus colores se hacían cada vez más opacos-explicó Sigfrido con gran emoción.

-¡Era una obra de arte!-exclamó presuntuoso.

-¡Disculpe, si lo he hecho perder el tiempo, escuchando estas cosas, sin importancia!-dijo Sigfrido.

-Todo lo contrario, usted me ha impresionado con la descripción fidedigna que ha hecho de su cuadro, fue tan real que por un instante llegué a sentir, que lo estaba viendo.

Lágrimas de emoción, se asomaron retenidas en la comisura de los ojos de Sigfrido, pues él sentía con profundo pesar, que aparte de su amada Serafina y de su nieto Leonardo, nadie había escuchado esa historia, con tanta atención, valoración y respeto.

 Pues, aunque siempre había repetido ese suceso, como algo trascendental, que había ocurrido en su vida, casi siempre había tenido la sensación de que su historia, caía en oídos sordos o en lenguas cáusticas.

Ahora este joven citadino y conocedor de artes, sí lo había comprendido, y se sentía realmente emocionado, por ello.

-¡Lástima, que jamás he vuelto a hacer otro igual!- murmuró, con aspecto lánguido y menoscabado.

-Lo importante es que lo hizo, y que usted y muchos sabemos que fue excelente esa pintura, y eso nada, ni nadie se lo podrá arrebatar, jamás- dijo Jhon emocionado.

-Y por ese instante de felicidad, que le produjo el haber hecho una obra de esa magnitud, ha valido la pena haber vivido- gritó Jhon mirando con respeto a Sigfrido.

Sigfrido respiró hondo, para no llorar.

-Voy a asistir a sus clases- confirmó Leonardo.

-Me parece bien, comenzaremos dentro de tres días- dijo Jhon.

-Vendré en las tarde, después del trabajo- aclaró Leonardo.

-¡Fue un placer, haberlo conocido!- dijo Sigfrido con gran solemnidad, y se marchó junto a Leonardo.

-Me parece, que ese maestro, sabe lo que hace- dijo Sigfrido a su nieto, mientras caminaban.

Cuando llegaron, Laura esperaba en el sillón.

-Leonardo, recuerda no descuidar los estudios- le dijo.

- Si queremos lograr cosas trascendentales, en nuestras vidas, tenemos que arriesgarlo todo, para ir tras nuestros sueños- gritó inoportunamente Sigfrido.

-No quiero fracasos, en la vida de mi hijo- replicó Laura

-Aunque fracase, al final habrá valido la pena, haber luchado por sus sueños- dijo Sigfrido, con una extraña lucidez.

A Laura no le agradaron para nada, las palabras de Sigfrido, y ni siquiera se preocupó   en disimularlo, por ello enseguida frunció la frente, apretó los labios, y su cara fue adquiriendo una tonalidad rosa.

-Ya, cambiemos de tema- dijo Pablo para bajar las tensiones.

- Pienso, que debemos guiar a nuestros hijos, pero también pienso, que debemos darles la libertad necesaria, para que tomen sus propias decisiones- dijo Serafina, que recién acababa de llegar.

- Los adolescentes, a veces no saben lo que quieren – dijo Laura con rostro enfadado.

- Pero la exagerada intromisión de los familiares, puede llegar a confundirlos- sentenció Serafina mirándolos a todos a la cara.

Todo quedó en silencio por un largo tiempo, ninguna mirada se encontraba, después comenzaron a hablar de otros temas.

CAPÍTULO IX

Mientras tanto Jhon se mantenía pensando en la manera en que le enseñaría a Leonardo a pintar. No había encontrado aún la solución, cuando decidió asomarse a la ventana del hotel, había en el cielo una resplandeciente noche de estrellas, y pensó en el viejo Sigfrido, cuando hablaba de su pintura.

También pensó en su madre, recordando con agrado la forma encantadora que ella tenía de ver la vida. Para ella cada día era el despertar de algo maravilloso, y sonrió al pensar en ella.

Al final pensó en sus propios sueños, en lo que quería lograr, en los cuadros que había pintado y en los que le hubiera gustado pintar, y se le vino a la mente el recuerdo de Marilyn. Y se quedó pensando en ella.

Cuando se sintió cansado, se apartó y se fue a dormir.

En el taller de arte de La Fundación, tuvieron que transcurrir varios días de intenso esfuerzo, por parte de Elena, Clotilde y el propio Jhon Shepper, para que todo estuviera listo.

El día en que iniciaron las clases, Clotilde comenzó a dar, sus instrucciones rigurosas, enmarcadas en contextos disciplinarios, mientras que los niños y las niñas, solo acertaban a oír sonidos con colores burbujeantes, ascendiendo en sus imaginaciones creativas colmadas de sueños.

Elena por su parte, con su voz dulce y agradable, pronunciaba palabras, pletóricas en frases amables y motivadoras, muy propicias para el momento.

Desde cierta distancia los padres de los niños, revestidos de cierta curiosidad afable, se aglomeraban, en el borde blanco de la tapia de un bello rosal.

Una vez que Elena terminó de hablar, acompañó a las niñas y a los niños al salón, mientras que Clotilde se quedó a conversar con los padres de éstos.

Ahora Jhon estaba frente a un grupo de niñas y niños de miradas curiosas. Él se sentía inspirado en ese amplio salón repleto de sillas con sus respectivas mesitas, donde los pequeños repasaban intranquilos y con avidez los pinceles, los lápices, los papeles, y las cajillas de pintura con diferentes colores.

Recostados a la pared había un gran número de atriles, envueltos en plástico, todo esto hacía que el entusiasmo fuera enorme.

-¡Buenos días!- saludó Jhon.

-Buenos días- contestaron a coro las vocecitas.

 -Mi nombre es Jhon Shepper Gibbs- dijo y se iniciaron las lecciones.

Después de un rato, las niñas y los niños, comenzaron a hacer despliegue de sus capacidades creativas, donde las horas parecieron transcurrir, de manera apresurada.

Leonardo llegó cuando los niños habían acabado, y se escuchaba el farfullar ondulante, y los gritos, que llenaban de alegría aquellos salones amplios y solitarios.

Afuera los padres esperaban a sus hijos, mientras ellos amablemente se despedían de Jhon, agitando sus manos, y gritando.

-¡Hasta mañana, maestro!

Cuando todos, se habían marchado, Leonardo se acercó.

-Maestro, estoy preparado – gritó Leonardo con emoción radiante.

Jhon lo miró serenamente.

 -Antes de iniciar las clases, debes hacer una buena acción, por los demás, una vez la hayas hecho, estarás preparado, para iniciar- dijo Jhon con marcada convicción.

-Leonardo bajó la mirada, se sentía desconcertado y un poco molesto.

-¡Está bien, así lo haré!- dijo y se marchó, recorriendo a pasos lentos las calles y callejuelas estrechas, mientras pensaba en la condición, de apariencia incongruente, propuesta por el maestro de artes.

Cuando Leonardo llegó a casa, a los pocos minutos se le apareció su abuelo Sigfrido, ansioso por saber, cómo le había ido en su primer día.

-¿Cómo te fue?

-¡Mal, abuelo!- dijo Leonardo con acento lánguido.

-¿Qué pasó?

-Imagínate, que tengo que hacer una obra de caridad, para poder comenzar las clases. ¡Algo absurdo!- gritó molesto.

- Puras excusas, para esconder su incapacidad- gritó Laura, desde donde estaba sentada.

-¿De qué están hablando?- preguntó Pablo, que recién acababa de entrar.

- El maestro ese, el de las fundaciones benéficas, quiere que Leonardo haga una buena acción, para según él, poder darle clases- dijo Laura con aire despreciativo.

-Yo le dije a Leonardo y a papá, que ese maestro no me daba confianza, para mí ese taller es improvisado, y una total pérdida de tiempo. Dedícate a estudiar como dice tu madre -dijo Pablo de manera concluyente.

-¡Al fin alguien en la familia comienza a ver la luz!- exclamó Laura complacida.

- Yo, no veo nada difícil, en hacer una buena acción por los demás- dijo Serafina.

- Yo creo en Leonardo y confío en ese maestro- dijo Sigfrido impetuosamente.

-El maestro, lo que quiere, es que Leonardo experimente la emoción sublime, que hay en ayudar a los demás, y así pueda pintar mejor, porque pintar es sentimiento- dijo Sigfrido con profunda lucidez.

-Aunque a decir verdad, aquí en este pueblo, nadie se merece nuestra ayuda, han sido unos infames con nosotros- dijo Sigfrido con ojos de enojo.

-Papá dices la verdad, conmigo han sido muy crueles, se han burlado de mí, hasta el cansancio- gritó Pablo.

- No le transmitan esa forma de pensar a Leonardo, déjense de resentimientos, parecen unos niños quejumbrosos- dijo Serafina.

Sigfrido iba a decir algo, pero al mirar el aspecto severo, que mostraba Serafina, prefirió guardar silencio.

-Pienso que la solidaridad no debe ser asunto de discusión, muy por el contrario, debe ser un acto espontáneo y humano- concluyó Serafina.

Con el pasar de los días, se fue produciendo en Leonardo la angustiosa sensación de lo imposible. Él no hacía mucho por crear las condiciones propicias para que se diera un acto de ayuda solidaria, pues consideraba, que esta debía darse de forma natural.

Por ello al no poder cumplir con la condición que le había propuesto su maestro Jhon Shepper Gibbs, decidió visitarlo.

Y se encontró en una tarde de sol espléndido, de calles y paredes argentadas, caminando con pensamientos dubitantes, hacia el taller de artes. En su camino se encontró una vieja y raída cartera en cuyo interior había algo de dinero. Miró para todas partes tratando de identificar al dueño, pero todos parecían ausentes. La tomó y siguió su camino.

Cuando llegó al taller, Elena le informó que el maestro, ese día, se había retirado temprano, desilusionado, decidió regresarse a casa, pero mientras caminaba comenzó a pensar.

-Tal vez mi madre y mi padre tienen razón, y este maestro no es más que un fiasco, y lo de ayudar a los demás, es pura excusa para ocultar su incapacidad.

Pero en ese preciso momento, en que sus pensamientos construían la imagen más deslucida y desafortunada, de Jhon, fue interrumpido, cuando escuchó a una anciana lamentándose de haber perdido su cartera. Miró hacia allá y pudo ver a dos muchachas, que de manera solidaria trataban de ayudar a la desventurada mujer,   caminaban casi en círculos concéntricos mirando al suelo, mientras que la anciana con mirada triste y rostro cansado, hablaba con voz distante y fatigada, y se abría paso lentamente, ayudándose con un bastón tembloroso, hasta llegar a un pequeño muro, donde se apoyó para descansar.

-¡Que coincidencia, más extraña!- pensó Leonardo con marcado asombro.

-Aunque lo cierto es que, en la vida a veces ocurren situaciones   increíbles, y ésta parece ser una de ellas- pensó Leonardo concluyendo.

 Entonces Leonardo caminó hasta donde se encontraba la anciana y   le entregó la cartera.

-¡Muchas gracias, joven! – gritó la anciana avivando sus pupilas apagadas por el tiempo.

Leonardo, se marchó algo confundido, pero considerando que   con esa extraña coincidencia, había surgido la estela, que culminaría en esa anhelada oportunidad.

Al día siguiente   se fue directo a La Fundación y se encontró al maestro Jhon Shepper Gibbs, sentado en un sillón, revisando con indescriptible admiración, los trabajos creativos, que habían hecho los niños.

-¡Buenos días, maestro!- gritó Leonardo.

Jhon levantó la mirada y siguió viendo los trabajos con profunda emoción.

-¡Pasa!- gritó.

- ¡He hecho, lo que me ha pedido!- dijo Leonardo.

 Jhon, al escucharlo, y sin decirle nada, se inclinó, abrió uno de los cajones del pupitre, sacó un frasco de pintura de color rojo, algunos pinceles, y se puso de pie.

-¡Vamos al taller!- dijo, y caminaron ambos hacia el lugar.

Allí comenzó a darle algunas instrucciones, relacionadas con la destreza y cuidados que debía tener a la hora de pintar, al final le entregó el frasco de pintura.

-¡Quiero que pintes un cuadro!

-¿De un solo color?- preguntó Leonardo confundido, y un poco desconcertado.

-Sí, no necesitas más- dijo Jhon.

Leonardo se fue a casa confundido, con ese extraño maestro, y con sus técnicas poco ortodoxas.

Cuando llegó, Laura fue la primera en recriminarlo.

 Aun así, Leonardo siguió visitando el taller de artes de La Fundación, y asistiendo a la universidad.

En su tiempo libre trabajaba afanosamente en su cuadro de color rojo.

Pablo, a estas alturas, había perdido la confianza en la pintura, sentía que sus sueños se habían diluido con tantos desencantos, y por ello no le agradaba para nada ver a su hijo perder el tiempo.

-Buenas acciones, un cuadro de un solo color, ¡bahh!- gritaba Pablo con acento despreciativo, cada vez que miraba, el cuadro.

Sigfrido, sin embargo, se mostraba emocionado, y justificaba todo, incluso buscaba explicación al hecho de que se estuviera utilizando un solo color.

- Hijo, este es el inicio, además ha comenzado con un buen color, el rojo que representa la fuerza, la vitalidad y la vida-

dijo Sigfrido, con ímpetu, tratando de convencer a Pablo.

Cuando Leonardo terminó su cuadro de color rojo, enseguida se lo llevó a Jhon, para que lo viera.

-¡Maestro, lo he logrado!- le gritó, mientras entraba al taller.

Jhon tomó el cuadro y lo llevó a la claridad de la ventana, manteniéndose por largo rato inmerso, en el rojo resplandor, que emanaba de él.

-¡Es un buen trabajo!- murmuró, y se lo devolvió.

Luego Jhon caminó hasta el cajón donde guardaba las pinturas, sacó un frasco y se lo entregó.

-¡Ahora, debes pintar un cuadro de color naranja!- le dijo.

-¡Lo haré!- dijo Leonardo y se retiró a su casa.

Cuando Laura vio, que su hijo había llegado con otro frasco de pintura, y lo oyó decir que tenía que pintar un cuadro, ahora de color naranja, prefirió no decirle nada, y solo movió desdeñosamente la cabeza, y se alejó.

-¡Sigo insistiendo hijo, que estás perdiendo el tiempo!- le dijo Pablo a Leonardo.

Pero en ese mismo momento en que Pablo trataba de convencer a su hijo, llegó Sigfrido emocionado con un libro tan viejo como él.

-Pablo, ya entiendo, he investigado y Leonardo está utilizando una tendencia minimalista.

-Déjame ver- dijo Pablo sorprendido.

Y metió su rostro en el libro.

-¡Tienes razón!-exclamó.

Al parecer Pablo se convenció, porque inmediatamente, se fue iluminando de positivismo, y con ese fulgurante despertar, se fue haciendo nuevas ilusiones.

A partir de ese día, el fanatismo artístico de Sigfrido, aunado al apoyo incondicional que le dispensaba Pablo a su hijo, despertaron en Leonardo un fervoroso entusiasmo por pintar, a tal grado que después de terminar su cuadro de color naranja, en pocos días, se sucedieron los extraordinarios cuadros de color amarillo y verde.

CAPÍTULO X

Después de ese instante, Jhon detuvo la entrega de pinturas, por varios días. Ahora dedicaba horas enteras para la enseñanza, con el fin de transmitirle a Leonardo su técnica más depurada.

Cuando Jhon consideró, que Leonardo, ya estaba preparado, le entregó con profunda solemnidad, dos frascos con pinturas, una de color cian y otra de color azul.

- ¡Con estos dos colores, pintarás tu mejor cuadro!- dijo emocionado, confiriendo en ello, un inusual destello de un azul brillante, dibujado en sus pupilas.

-¡Tómate todo el tiempo necesario!- le aconsejó.

-¡Lo haré!- gritó Leonardo, y salió dispuesto a pintar.

Cuando llegó a su casa, enseguida se fue a su lugar de trabajo, se mantuvo un buen rato contemplando los colores, y llegó a su mente la inspiración que necesitaba para continuar.

Ahora se sentía diferente a otras veces, ahora tenía la fiel convicción de que lograría plasmar en el lienzo algo extraordinario, algo que incluso estaba más allá de su imaginación. Se animó y comenzó a pintar.

Mientras Leonardo se ocupaba de sus estudios universitarios, y trataba de pintar el mejor de sus cuadros, Jhon no dejaba de frecuentar el parque, recorriendo cada rincón y callejuela, con la mirada extendida y desesperada de quien ha perdido, algo muy valioso.

A veces su mirada se perdía, a través de los cristales de la ventana del hotel, buscando afanosamente desde lo alto, entre la muchedumbre abigarrada, y cuando todo iba quedando en silencio, y se iba cubriendo de bruma, aun así seguía buscando inútilmente, el resplandor azul de aquella noche.

Leonardo después de tantos días de trabajo, al fin terminó el cuadro azul, y le quedó tan bello como un diamante.

Lo tomó entre sus manos contemplándolo con profunda solemnidad.

Cuando Sigfrido tuvo la oportunidad de ver el cuadro, se sumergió en una agradable admiración contemplativa, que lo llevó a rememorar tiempos antiguos, a tal punto de encontrar en esa pintura, aquella exquisita sensibilidad, que pensaba olvidada, y que giraba como destellos refulgentes e intangibles, colmando ese momento de emoción plena.

-¡Leonardo, lo has logrado! Por este cuadro ha valido la pena esperar, ha valido la pena vivir -dijo el viejo Sigfrido con marcado fanatismo.

-¡Sí, que es hermoso! – dijo Serafina, con rostro resplandeciente.

-¡Sí, que lo es!- dijo Pablo emocionado.

-¡Es bonito!- dijo Laura con cierta indiferencia, ya que, para ella el estudio era lo único importante.

De allí Leonardo salió de su casa llevando el cuadro. Caminaba airoso, sintiéndose importante, pero de repente, y de manera sorpresiva, se encontró de frente con una anciana muy pobre, estaba hecha harapos, desgreñada, con el rostro sucio y lastimero, tan impresionante era su inefable aspecto gris y languideciente, que despertaba en cualquier ser humano la compasión más recóndita.

-¡Ayúdame!- le suplicó.

-No tengo nada que ofrecerle- le dijo Leonardo, tratando de apartarse.

-¡Regálame el cuadro!- le dijo con voz suplicante.

Leonardo se estremeció al escucharla, y se iba a negar, pero al mirar sus ojos tristes pudo ver en ellos el silencio frío de la pobreza, y al escuchar su voz trémula, sonando como el resollar triste de un ser muy sólo, sucumbió y se lo entregó.

Luego Leonardo siguió caminando, pero cuando estuvo frente al taller de artes de La Fundación recapacitó, sintió arrepentimiento y prefirió regresar a casa.

Sigfrido esperaba con ansiedad su regreso, estaba seguro de que su nieto solo recibiría elogios y críticas positivas por parte de su maestro. El haber pintado ese esplendoroso cuadro, convertía a su nieto, al menos para él, en un gran pintor, y quería escucharlo, para aumentar su ego.

Por ello cuando lo vio entrar, enseguida se le acercó.

-¿Leonardo, dime que te dijo el maestro?- preguntó emocionado, y se fue a sentar al sillón, para disfrutar de manera cómoda, la agradable respuesta.

-No se lo llevé- contestó Leonardo, con voz triste.

-¿Por qué?- preguntó Sigfrido poniéndose de pie.

-Se lo obsequié a una señora muy pobre- dijo Leonardo, y Sigfrido llevándose las manos a la cabeza, dio algunos pasos, mientras trataba infructuosamente de armonizar sus ideas.

-¿Y, por qué hiciste eso?- gritó Sigfrido afectado, luego se fue al sillón y se dejó caer, manteniendo la mirada triste y ausente.

-¡No es para tanto!- replicó Laura.

-¿Qué pasó?- gritó Pablo sosteniendo un overol en una mano y un paño en la otra, mientras intentaba con mucha dificultad, sacar una horrible mancha de pintura.

-¡Leonardo le obsequió el cuadro a una señora pobre!- dijo Laura.

-Desde la vez pasada le dije a Leonardo, que el que da lo que tiene, se queda sin nada, y no me hizo caso-dijo Pablo con voz ronca.

Serafina se fue hasta donde estaba su nieto.

-No te preocupes, Leonardo, si actuaste bien, la vida te recompensará, no dudes de eso- le aconsejó con un abrazo, luego se sentó al lado de Sigfrido, ella sabía, lo que significaba para él, ese momento y podía comprenderlo.

-¡Jamás volveremos a tener ese cuadro!, ¡se fue muy rápido!, ¡al igual que aquel cuadro, que yo pinté hace ya mucho tiempo!- dijo Sigfrido con marcada nostalgia, luego hizo una pausa y confirió una profunda inspiración.

-¡Te entiendo!- le dijo Serafina con voz comprensiva.

- Pero lo correcto en este momento es apoyar a Leonardo, para él fue una decisión difícil de tomar- dijo Serafina a Sigfrido.

-Tienes razón – murmuró Sigfrido, y recostó su cabeza, al hombro de Serafina.

A cierta distancia de allí, la anciana había cubierto el cuadro con un mantón cenizo y raído, y había caminado varias calles, hasta quedar frente a una casa muy ostentosa.

Llamó varias veces y nadie la atendió. Volvió al día siguiente, y obtuvo el mismo trato indiferente. Así lo hizo por varios días, hasta que por insistencia, un joven jardinero de aspecto humilde que recortaba algunas plantas tupidas de flores rojas y menudas, soltó las tijeras sobre un césped muy verde y fue a atenderla.

-¿Qué quiere?

-Vengo a vender este hermoso cuadro-dijo, y se lo mostró.

El joven inspeccionó el cuadro con rostro de asombro, se pasó la mano varias veces por la cabeza, y luego le dijo:

-¡No, será robado!

-¡No joven, soy pobre, pero honrada!- dijo la anciana con rostro inexpresivo.

-Espere aquí, hablaré con la señora- dijo el joven y se alejó.

Al rato salió de la casa una señora blanca, alta y muy bella, y aunque vestía sencillo aun así irradiaba donaire y un brillo encantador.

Se acercó caminando por el estrecho corredor, rodeado de arbustos homogéneos, hasta quedar frente al inmenso portón de hierro.

-¡Señora, le traje este cuadro!- dijo mostrándoselo a través de los barrotes.

La bella mujer posó su vista en el cuadro, y un azul intenso resplandeció en sus ojos, una hermosa sonrisa de emoción se dibujó en sus labios y asintió, confiriendo su aprobación.

Enseguida fue por el dinero, y en pocos minutos estuvo de vuelta.

Cuando la anciana recibió el dinero, después de haber entregado el cuadro, un lustroso brillo apareció en sus ojos grises, confirió una sonrisa de satisfacción plena, y comenzó a deleitarse con el agradable sonido que producía el tintineo de las monedas, al ser sacudidas por su mano.

Luego se marchó, marcando con un bastón, el lugar por donde iban a caminar sus pasos, y así se fue alejando hasta desdibujarse por completo, al igual que hace el tiempo con todas las cosas.

CAPÍTULO XI

No se le volvió a ver jamás. De ella se han contado tantas historias, algunos dicen que vivió feliz con ese dinero, otros afirman que era una pintora sumergida en la bruma densa que traen los nublados desencantos de la frustración, pero que en un instante de lucidez que había tenido,   había encontrado el camino, y se había colmado de éxitos.

Otras historias eran demasiado fantásticas para ser contadas, lo importante es que todas ellas terminaban en un final feliz.

Las clases para los niños habían llegado a su fin, Jhon había anunciado su partida dentro de poco. Ahora pasaba la mayor cantidad de las horas en la improvisada oficina. Un lugar cómodo y apacible, perfumado con el aroma natural, que le obsequiaban las flores. Durante todo ese tiempo, Elena había procurado que nunca faltaran las flores frescas, asomadas con sus bellos pétalos extendidos, en el florerito blanco, colocado en la esquina parda del pupitre.

Y en ese saloncito muchas veces ausente de toda sonoridad, despertaba cada hora con el cucú de un pajarillo, escapado de una casita de madera tachonada en dorado, del viejo reloj de pared. Jhon había hecho venir a un eficiente relojero, del pueblo de Arkaz, para que lo reparara, y quedara como un recuerdo, de su paso, por ese lugar.

Había pasado casi una semana, desde el día en que Leonardo se había despojado del hermoso cuadro azul, y aún no se había decidido a visitar los talleres de la fundación. Temía, tener que contarle a su maestro lo que le había sucedido, ya que venía a su mente de manera constante la expresión de angustia y desesperanza que había puesto su abuelo, Sigfrido, al enterarse de que había obsequiado el cuadro, y no quería ni imaginarse como se pondría su maestro cuando él se apareciera con las manos vacías y con la triste noticia.

Tanto Serafina como Sigfrido y Pablo habían comenzado a preocuparse por la actitud distante asumida por Leonardo todo ese tiempo, por ello habían tomado la firme decisión de hablar con él, una vez estuvieran todos reunidos.

-Leonardo, pienso que deberías hablar con el maestro- dijo Pablo asintiendo vagamente.

-Las dificultades hay que enfrentarlas, por más difíciles que parezcan- secundó Sigfrido mirándolo a la cara con mucho afecto.

-Es cierto hijo, sólo así se solucionan las cosas- dijo Serafina con voz comprensiva. Ella siempre sabía que decir.

Leonardo guardó silencio mientras pensaba, luego asintió levemente con la cabeza.

-Está bien, mañana iré- dijo.

Y así lo hizo, al día siguiente, en la tarde, fue a visitar al maestro, llevaba la respiración agitada, sudaba copiosamente y caminaba sin prisa.

Estando en el umbral de la puerta fue sintiendo que un frio glacial le recorría la espalda, cuando recordó la dedicación que le había puesto su maestro a las pinturas azul y cian.

-¡Pasa Leonardo!- le dijo Jhon desde que lo vio.

-¿Cómo estás? —le preguntó Jhon amablemente.

- No, muy bien.

-¿Por qué?

- Perdí el cuadro azul, sentí compasión y lo perdí.

Jhon asumió la información con la serenidad más grande del mundo, era como si lo hubiese sabido desde hacía mucho tiempo.

- No tienes de que arrepentirte, ni nada que cuestionarte, si consideraste que era lo correcto y era lo que deseabas hacer, está bien – dijo Jhon con voz pausada.

-Muchas veces debemos abandonar algunas cosas que son valiosas para nosotros, para poder alcanzar los sueños- murmuró el maestro Jhon Shepper Gibbs con honda nostalgia.

Y Leonardo respiró profundamente, sintiendo como si una esfera, de blanca calma, lo hubiera envuelto en ese instante.

Jhon lo interrumpió cuando abrió uno de los cajones y sacó un frasco de pintura de color violeta, luego le dijo:

-Pintarás el último cuadro, con un solo color, hazlo lo mejor que puedas.

Leonardo tomó el frasco entre sus manos y comenzó a mirarlo por un buen rato, mientras pensaba con cierta nostalgia. Había percibido cierta sensación de ausencia, en las palabras del maestro, era como si en ese instante se hubiera anunciado, el augurio inexorable, de que todo estaba llegando a su fin.

-Lo haré- dijo Leonardo y se retiró.

-Es un buen joven- dijo Elena mientras entraba.

-Sí, lo es- dijo Jhon mirando los bellos ojos de Elena.

-¿Interrumpo? – gritó Clotilde mientras entraba.

-Pase- le dijo Jhon amablemente, y se pusieron a conversar un buen rato.

Afuera hacía una tarde tranquila, con un sol pálido, que producía la sensación de somnolencia.

CAPÍTULO XII

En la casa de Leonardo se escuchó la voz de una mujer, que llamaba a la puerta.

-¡Buenas tardes!- saludó con voz amable.

-¡Buenas tardes!- saludó Laura, repasándola completamente.

-¿Aquí vive el pintor Leonardo?

Laura hizo un gesto de sorpresa, hasta ese momento consideraba que la pintura, para su hijo, no pasaba de ser una simple distracción.

-Pase-le dijo.

Y la señora entró, iba acompañada de su hermosa hija, y se fueron a sentar en uno de los sillones desgastados, de tela roja.

-¡Leonardo!-gritó Laura, llamando a su hijo.

Cuando Leonardo escuchó que lo llamaba, inmediatamente se asomó, y al mirar hacia donde estaba la joven, vinieron a su mente, algunos de los pocos recuerdos agradables que tenía, de su paso por la escuela de artes. Entró a la sala lentamente, sin apartar su mirada, que revoloteaba intranquila, sobre la señora Anastasia y su hermosa hija.

-Siéntate, la señora quiere hablarte- dijo Laura.

-Yo compré el cuadro azul, y me gustaría que participaras, con tus otros cuadros, en una exposición que vamos a tener en La Galería.

Leonardo estaba asombrado y confundido, por la valoración que le daban a sus cuadros, cuando pudo asimilarlo comenzó a sentirse muy feliz.

Pero la más sorprendida fue la hija de Anastasia, quien miraba a Leonardo con cierta desconfianza, no lograba entender, como un joven que había sido rechazado, por haber sido un pésimo pintor, ahora resultaba que era excelente, algo difícil de creer, al menos para ella.

-Puedes mostrarme los otros cuadros- dijo Anastasia.

-Sí- dijo Leonardo, y fueron al salón de trabajo.

-Son hermosos- dijo Anastasia, mirándolos muy de cerca.

En ese mismo instante llegó Pablo, llevando en una de sus manos una lata de pintura, y en la otra un rodillo desgastado y una robusta brocha.

-Buenos días- saludó sorprendido, mientras miraba con curiosidad a las mujeres.

-Buenos días- saludó Anastasia.

-Buenos días -saludó la joven.

-Buenos días – contestó Pablo a la joven.

-Ahora, me disculpan, voy a guardar estos materiales - dijo Pablo mostrándolos, y luego se fue a una esquina de la casa, donde colocó los materiales que llevaba. Se sacudió con las manos el overol gris, y regresó a la sala, luego se sentó al lado de Laura.

-Han venido a invitar a Leonardo a una exposición- le dijo Laura a Pablo.

Pablo miró de soslayo a su esposa, mientras trataba en silencio de procesar la información.

Luego emocionándose se puso de pie.

-¡Te lo dije, siempre lo supe, que mi hijo iba a ser un gran pintor!- gritó, sonrió, y salió desaforado a contárselo a Sigfrido.

-¡Nosotras, nos retiramos!- dijo la señora.

-¡Nos vemos en la Galería, Leonardo!- dijo la joven confiriendo una bella sonrisa, mientras se alejaba.

-¡Allí estaré!– gritó Leonardo despidiéndose de la hermosa joven, mientras agitaba su mano de manera temblorosa.

Después de varios días Leonardo se apareció llevando el último cuadro entre sus manos. Al mostrarlo podían distinguirse exquisitas figuras de un rutilante tono violeta.

-Está hermoso, y aplicaste muy buena técnica- dijo Jhon asintiendo.

Luego Jhon se fue hasta una ventana luminosa y le mostró una figura arqueada de colores, sobre nubes encaladas en el cielo, donde las gotas de agua que estaban suspendidas en el aire , eran pequeños prismas , que descomponían en colores la luz blanca que provenía del sol.

- Si observas bien, sus colores están en el mismo orden en que pintaste los cuadros- le dijo.

-¡Es cierto!- exclamó Leonardo.

 - Si unes esos colores, obtendrás el blanco- exclamó Jhon, con rostro resplandeciente.

-¿Y qué sentido tiene?- preguntó Leonardo confundido.

-¡Ese debe ser el fin, que debemos buscar!- dijo Jhon pensando, mientras que en sus ojos distantes resplandecía un halo misterioso de eternidad.

Después de unos minutos de profunda, y silenciosa introspección, dijo:

-Ya estás preparado para pintar tus cuadros, utilizando diferentes colores, en ellos encontrarás la luz que necesitas, para proyectarla a los demás- concluyó.

CAPÍTULO XIII

Leonardo, al mirar a los ojos de su maestro, creyó comprenderlo todo, y prefirió no indagar sobre nada, evitando en lo posible profanar aquel instante sublime.

-¡Gracias por todo maestro!- dijo Leonardo con voz afectuosa, y luego comenzó a hablarle de la exposición a la que había sido invitado.

En ese mismo momento llegaban Elena y Clotilde. Lo primero que hizo Elena fue acercarse hasta donde estaba Leonardo, para felicitarlo. Luego se concentró mirando el cuadro, sus pupilas fueron adquirieron una tonalidad violeta, con la intensidad de un vino aromático muy puro. Al final asintió con la cabeza confiriendo su aprobación, y dibujando en su bello rostro una exquisita sonrisa de satisfacción.

Clotilde después de acomodarse un deslumbrante prendedor en forma de rosa, cuya base estaba sostenida por dos hojitas doradas sobre el ojal de su traje gris. Se acercó elegantemente, con rostro casi inexpresivo.

-¡Estamos muy orgullosas de ti, Leonardo!- dijo Clotilde hablando por ambas.

-¡Iremos a la exposición!- afirmó Clotilde.

- ¡Así es Leonardo, no te dejaremos solo!- secundó Elena con emoción.

Luego, Clotilde desvió la mirada hacia Jhon.

-Maestro, también estamos muy agradecidas por el trabajo que hizo por La Fundación, por Leonardo y sobre todo por las niñas y los niños, si decide regresar, las puertas siempre estarán abiertas- dijo Clotilde.

Por un instante Jhon y Elena se contemplaron silenciosamente.

Elena iba a decir algo, pero inexplicablemente sintió un vacío, que casi la hace llorar, y prefirió guardar silencio.

-¡Gracias a ustedes por haberme dado la oportunidad!- dijo Jhon, mirándolas a ambas

-¡Ahora, me tengo que ir, gracias por todo! - dijo Jhon despidiéndose.

Luego Jhon se fue a su oficina, y comenzó a pensar en pintar, la inspiración le llegó de pronto, como la lluvia fresca que cae después de un fuerte estío, trayendo a su mente nuevas ideas, pero también viejos recuerdos.

Se fue a una esquina, preparó el lienzo, miró distante, como quien mira algo ausente. Con delicadeza y la destreza de aquellos años en que había sido pintor, hizo algunos trazos y se detuvo.

Tomó una tela de terciopelo brillante, que reposaba sobre una mesita y cubrió el incipiente trabajo que había hecho. Luego salió a respirar aire fresco. Se sentía libre.

Cuando llegó el día de la exposición, La Galería estuvo colmada, asistieron a ella las personas más distinguidas del pueblo.

El cuadro azul resplandecía en el centro, y muchas miradas de asombro se posaban en él.

Sobre todo las de una joven de incomparable belleza, que había venido de una de las áreas más exclusivas de la ciudad de Arkaz, con la firme intención de hacerse con los derechos de ese maravilloso cuadro.

Sigfrido y Pablo estaban felices, ese orgullo marchito por tantos años, había renacido como las majestuosas flores en primavera. Ambos experimentaban la firme sensación de que con ese reconocimiento, recobraban la vida.

Serafina estaba complacida, pensaba en la calma.

Laura estaba conforme con el logro de su hijo, pero increíblemente había puesto como condición, que sólo asistiría al evento si Leonardo le mostraba sus calificaciones universitarias, antes. Así que Leonardo tuvo que hacer, apresuradamente, todas las gestiones para tener esas calificaciones a tiempo.

Elena y Clotilde, lucían radiantes, saludaban a todos amablemente, mientras repasaban cada uno de los cuadros.

Una señora de buenos modales, de cabello gris y ondulado, se acercó a Leonardo, mirándolo con cierto grado de orgullo y admiración, luego le colocó cariñosamente la mano sobre el hombro.

-¡Te felicito Leonardo, admiro a todos aquellos, que se esfuerzan por lograr sus sueños!-le dijo.

-¡Gracias, maestra!-le dijo Leonardo.

Y la maestra Guillermina Oswar se alejó, desapareciendo, entre la multitud.

Jhon Shepperd Gibbs había llegado a la exposición muy elegante, con un riguroso smoking negro adornado con un clavel. Se veía radiante, y había en su mirada un brillo especial, sobre todo cuando contemplaba las pinturas. De pronto, alcanzó a ver a Marilyn, entre un grupo de personas, que se había aglomerado alrededor del cuadro azul. A partir de allí, sus ojos se mostraron intranquilos, y el brillo que habían mantenido, hasta ese momento, pareció atenuarse.

Marilyn, lucía hermosa, con un vestido rojo, que resplandecía con la luz de la sala, como lentejuelas extendidas, resaltando con su brillo, la blancura de su piel y su cuello delgado y marfileño, que estaba adornado con un exuberante collar de perlas blancas, redondas y muy brillantes, a la vez que dos aretes laminares, expresivos y tintineantes, le caían sobre sus delicados hombros.

Ella repasó brevemente cada uno de los cuadros y luego salió. Durante todo ese tiempo, en el que ella había permanecido en la sala, Jhon la había seguido con una mirada inquieta y absorta.

Cuando vio que ella se alejaba, caminó apresurado, abriéndose paso entre la multitud. Pudo alcanzarla, cuando ella se preparaba para marcharse en un flamante auto negro, conducido por un chofer, que la esperaba paciente.

CAPÍTULO XIV

-¡Marilyn!- gritó Jhon con voz jadeante.

Ella lo escuchó y se detuvo, sin voltearse le dijo:

-Hubiera sido mejor, para los dos, que no me hubieras seguido.

- ¡Necesitaba hablarte!- gritó Jhon, pero ella no le contestó.

-¿Por qué has venido hasta aquí? - preguntó Jhon, con cierto grado de desesperación, sentía, que ella estaba allí por él, y necesitaba escucharlo.

Ella se volteó.

-Quería saber, si estabas bien, además, sabes que siempre me han gustado los lujos, las cosas exquisitas y costosas, las prendas, los vestidos, los autos, y las obras de arte.

Él la miró con ojos deslumbrados, ella aún guardaba la inocencia y el candor alegre de aquellos años. Su rostro era realmente hermoso, con sus ojos chispeantes, su nariz pequeña, y sus labios sensuales, y rellenitos, similares a una bella y delicada rosa, cuyos pétalos rojos son avivados por los cristales del rocío, al ser bañados por los trémulos rayos del sol de la mañana.

-¿Te casaste?- preguntó Jhon con voz temblorosa.

-La soledad es muy triste- dijo ella con voz amable.

 Él, bajó la mirada confundido, por un instante sintió que lo inundaba una honda melancolía.

- ¡Mi madre, siempre me decía!- dijo ella.

-Marilyn, nadie le pertenece a nadie, era una mujer muy liberal, tú sabes.

A veces he llegado a pensar, que es cierto, pero prefiero creer, que nos pertenecemos, aunque sólo sea, en nuestros pensamientos.

Yo prefiero sonreírle a la vida, tú me comprendes- dijo ella, con una sonrisa grácil y muy blanca.

- ¡Creo, que sí!- exclamó Jhon.

- Me alegro, de que me hayas comprendido- dijo ella y sonrió.

Entonces se acercó a él, y le dio un beso en la mejilla, luego se retiró y se subió al carro.

Él quiso ir tras ella, gritarle algo, pero no pudo, una vorágine de ideas, recuerdos y dudas, comenzaron a girar arremolinándose en sus pensamientos.

Cuando ella iba a cierta distancia, sacó la cabeza del coche y gritó

-Mandaré por el cuadro azul, lo pondré en la sala de mi mansión.

Él, se sintió vacío, y pensó en ella, como ese cristal que se quiebra en pedazos, para no volver jamás. Y caminó desandando sus pasos, hasta llegar al parque. Allí se sentó, sin importarle que en ese momento, los rayos calurosos del sol, le caían fijamente.

Una bandada de palomas, se agitaba en el aire como pañuelos blancos, hasta alcanzar aquellos techos más elevados, que eran de un color muy negro, acanalados y extendidos, como alas de murciélago. Él miró hacia allá frunciendo la frente, intentando rasgar los inclementes rayos de luz, que le caían a la cara. Luego se marchó.

-